为何要摆脱无知

苏格拉底

［韩］Goodwill 哲学研究所 / 编著
千日 / 译

人民东方出版传媒
People's Oriental Publishing & Media
東方出版社
The Oriental Press

目录

思想理念

智慧和正确

名言名段

苏格拉底的名言名段

时事关联

用智慧摆脱游戏成瘾

“认识自己即
自知无知。”

6

在民主主义发达的古希腊雅典，

人们开始对世界抱有好奇心，

并且试图从神话中寻求答案。

古希腊哲学的黄金时期拉开序幕，

而站在其中心的便是苏格拉底。

苏格拉底把哲学的关注点从自然转移到人的身上。

另外，他主张：“人因无知而作恶；人若有智慧则会行善。”

那么智慧究竟是什么呢？

让我们进入苏格拉底的哲学故事一探究竟吧。

人生轨迹

哲学的先驱者——苏格拉底

被誉为“哲学先驱者”、现代西方文化的创始人、古希腊雅典的伟大哲学家——苏格拉底，究竟是一个什么样的人？

人生
时代
思想
名言
时事
NEWS

01

在战场中陷入思考

苏格拉底（Socrates）是古希腊著名哲学家，约2500年前，即公元前5世纪出生于古希腊雅典。雅典是当今希腊的首都。

由于时间太过久远，历史上关于苏格拉底的性格和人生经历的描述并不多。更令人惋惜的是，苏格拉底表述自己想法的文章也没有流传下来。不过，我们依然可以通过苏格拉底的弟子们和其他人留下的记录，了解他是一个什么样的人。

根据史上残存的记录记载，苏格拉底的父亲是一位雕刻匠，母亲是一位助产师，但苏格拉底本人的职业是什么，人们尚不清楚。可以确定的是，苏格拉底年轻时曾对科学抱有浓厚的兴趣，四十岁之后，转而开始研究哲学。

希腊雅典卫城

雅典卫城的原意为“高丘上的城市”。雅典卫城位于如今雅典的中心区域，是代表古希腊伟大艺术的建筑遗址之一。

另外，传闻苏格拉底曾参加过希波战争和伯罗奔尼撒战争。希波战争是波斯帝国入侵希腊而引发的战争；而伯罗奔尼撒战争是雅典和斯巴达之间爆发的战争。

当初波斯帝国入侵时，希腊各个城邦以雅典为中心，团结一致，最终战胜了波斯帝国。我们称这场战争为“希波战争”。

希波战争结束后，雅典一举成为希腊最具影响力的城邦。但没过多久，雅典和它的死对头——斯巴达又爆发了一场战争。这场以雅典为首的同盟和以斯巴达为首的同盟之间的战争，我们称之为“伯罗奔尼撒战争”。

不过这并不意味着苏格拉底的职业就是军人。因为苏格拉底参加战争只是为了履行作为雅典市民的义务。在当时，参加战争、保家卫国是每一个市民应尽的责任。

传闻苏格拉底虽然在战场上是一名英勇无

畏的军人，但他一旦陷入思考，经常会彻夜不眠，直至想通问题为止。

02

丑陋的外貌、高尚的灵魂

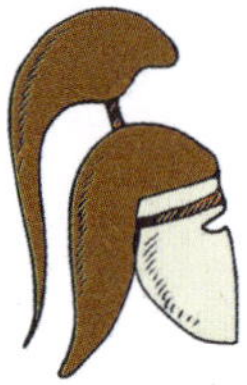

如今被人们誉为伟大哲学家的苏格拉底究竟是一个什么样的人?

虽然不清楚苏格拉底的职业是什么，但根据流传下来的很多苏格拉底的画像和雕塑作品，我们大致可以推断出他的相貌。

从这些描绘苏格拉底的画像和雕塑作品中我们可以看出，他身体壮实、耳朵奇大、鼻头

真理的“助产师”——苏格拉底

虽然外貌丑陋，但苏格拉底是一个喜欢思考人性和是非曲直的人。

圆滑上翘。另外，他的嘴唇厚实、眼球突出，茂密的胡须和皱着眉头的样子，给人一种凶神恶煞的感觉。再加上矮小的身材和鼓鼓的肚腩，任谁看了都会觉得丑陋不已。

尽管拥有难看的外表，但在传闻中，苏格拉底是一个极有耐心、性格温和的人。另外，他还很喜欢思考问题，而且从不贪恋功名利禄。

根据其他记录记载，苏格拉底向来对赚钱养家不感兴趣，所以生活过得十分拮据。

传闻他总是衣衫褴褛，在广场上跟人们讨论问题。可以说苏格拉底每天的日常就是在雅典广场跟年轻人聊天。如果没有聊天对象，苏格拉底要么自己一个人思考问题，要么干脆拦住路人进行攀谈。

事实上，除了苏格拉底之外，当时还有很多雅典市民聚集在广场上，讨论一些关于政治和思想的问题，打发一天中的大部分时间。

由于苏格拉底不在意金钱和外貌，终其一生追寻真理，所以他的周围不乏一些尊重他和想要得到他指点的人。这些人很多都成了他的弟子，其中就有柏拉图等赫赫有名的伟大哲学家。

知识要点

- 苏格拉底出生于 2500 多年前的古希腊雅典，他最喜欢做的事情就是思考并与别人讨论。
- 苏格拉底没有自己的作品流传下来。而我们之所以能了解苏格拉底，是因为他的弟子和一些人曾在自己的作品中讲述过很多他的事迹。

时代背景

希腊哲学的中心——雅典

在希波战争中胜利后，雅典的国力和经济实力达到了有史以来的最高峰。在自由的氛围中，源于神话的哲学也迎来了属于它的黄金时期，而这样的氛围究竟会给苏格拉底带来何种影响呢？

人生

时代

思想

名言

时事

01

哲学诞生于自由的氛围

古希腊

在距今约 2500 年前，希腊是一个文化十分发达的地方。当时的希腊并非我们现在所知的一个统一的国家，而是许多小国的结合体。这些小国被称为“城邦”。

城邦就如它的名字一样，是指一个大小像城市一样的国家，但再小也是“国家”，所以它

原来古希腊中有
这么多城邦啊！
特洛伊
以弗所
米利都
德尔斐
底比斯
梅加腊
雅典
阿黑亚
厄利斯
科林斯
迈锡尼
奥林匹亚
皮洛斯
斯巴达
克诺索斯

们各自治理，属于不同的国家。

整个古希腊有数百个这种城邦。它们平时互通有无、互不侵犯，但有时也会相互结成同盟，又或是彼此攻打讨伐。

由于城邦数量众多，所以很有必要彼此团结在一起。于是“奥林匹亚[①]”活动诞生了。

如今每四年举办一次的国际重大体育赛事——奥林匹克运动会就是源于奥林匹亚的竞技活动。事实上，除了奥运会之外，还有许多古希腊文化至今影响着我们的生活。

古希腊的城邦中最出名的便是雅典和斯巴达。这两个城邦在古希腊各城邦中最为强盛，所以周边各个城邦纷纷向它们俯首称臣。有趣的是，虽然同为古希腊的城邦，但它们的“性格”却截然不同。

---

① 奥林匹亚：位于希腊伯罗奔尼撒半岛的古城遗址。原本是朝圣者们每年为了纪念神王宙斯而聚集的场所，后来改为奥林匹亚竞技赛场。

雅典和斯巴达存在很多不同之处。
雅典 VS 斯巴达
我是市民们选举出来的代表。
国家应该由国王来统治。
我们引进了很多海外物品。
只有农业才是出路。
我是海洋之子！
我是陆地之王！
我可以随意处置奴隶。
奴隶都归国家所有。

雅典实行的是民主共和制度，斯巴达则是实行以国王为首的贵族统治。雅典的文化和学术十分发达，斯巴达则以令行禁止的军国主义而闻名。

雅典同盟和斯巴达同盟对立的局面是在希波战争之后形成的。雅典在这场战争中起到了举足轻重的作用，所以渐渐在城邦的联盟中占据领导地位，政治和文化也得到了极速的发展。

当时波斯帝国的国王是大流士一世。在大流士一世统治期间，波斯帝国军力强盛，横扫地中海以东的埃及和美索不达米亚地区，成长为拥有广阔领土的大国。

在占据地中海以东地区后，波斯帝国又将目光转向希腊。为了占据整个地中海地区，大流士一世派兵攻打希腊，从而引发希波战争。

波斯军队势如破竹般攻破希腊多个城邦，最终打到一个名为马拉松的地方。

当时，雅典的军队人数还不到波斯军队的一半，但仍然英勇作战成功击退波斯军队。这场战役就是著名的马拉松战役。如今我们所知的长跑比赛项目——马拉松就是源于这场战役。

大流士一世（公元前550—公元前486）

波斯阿契美尼德王朝的皇帝，又称大流士大帝。建立了许多具有开创性的制度，是史上有名的改革家。虽然几度谋划征服希腊，但最终却以失败告终。

击败波斯军队后，雅典军队需要将这个振奋人心的消息传递给雅典。这时，一个名叫斐迪庇第斯的士兵从马拉松一口气跑到雅典，然后高喊一句“我们胜利了”，便倒地不起。

我们如今举办的马拉松比赛便是为了纪念这件事情。在这场战役之后，波斯帝国又多次攻打雅典，但都被击溃，最终不得不退回波斯。

民主制度发达的雅典

在希波战争中立下汗马功劳后，雅典渐渐在其他城邦中占据领导地位，同时各方面均得到快速发展。当时，雅典不仅是地中海各文明，也是全世界各文明最发达的地区。

随着经济的发展，人们的生活有了闲余，学术也有了发展的土壤。当时的雅典实行奴隶制度，重活都交给奴隶来干，所以普通市民得以享受各种文化的熏陶，能够专心致志地学习各种知识。

雅典实行的是民主制度。只要有重要的事情，市民们都会聚集在一起进行讨论和投票。这也是因为城邦规模不大，才有可能实现。

不过，在2500年前的当时，也并非所有人都具有相同的权利。这里所说的市民也是指除去奴隶和女性之外的男性，只有他们才具有投票的权利。

但相较于斯巴达等其他城邦，雅典治国的方式还是非常民主的。总之，在这种自由的氛围下自由讨论和学习的过程中，哲学自然而然地得到了发展。

尽管当时的民主制度很普遍，只要是成年人就拥有参与政治的权利，但在当时，由国王治理国家是一件再正常不过的事情。

比如当时的埃及就是由国王统治的国家。埃及人将国王视为太阳神的儿子，国家所有的土地都归国王一人所有。国王一声令下，成千上万的百姓就要无条件地投入到巨大金字塔的建设，可见国王的权力有多大。

而雅典则是由市民通过投票选出统治者，因此统治者必须在政治中反映出支持自己的市民的意愿。

正如我们所见，埃及和雅典两国的差距就是如此之大。相比其他国家，雅典的民主制度无疑是一种十分先进的政治制度。自由的社会氛围使得人们的思想变得更加自由，这就为古希腊哲学的发展奠定了基础。

趣味小常识

马拉松战役之谜

我们都知道马拉松比赛是为了纪念公元前 490 年将胜利喜讯传回雅典后死去的斐迪庇第斯而开始举行的运动。但事实上，这其中藏有好几个我们从未证实的疑点：

第一，是否存在那个一口气跑到雅典传递喜讯的人。记录希波战争的作品《历史》的作者希罗多德从小酷爱历史，所以绝不会放过任何有趣的历史故事，但他从未在自己的作品中提及与这个人有关的事情。

第二，传递胜利喜讯的士兵名字有斐迪庇第斯、斐力庇第斯、斐迪彼德斯等，但至今我们都不能确定他到底叫什么。

第三，无法考证马拉松比赛的距离 42.195 千米是如何确定的。1927 年，人们实际测量过马拉松和雅典之间的距离，结果发现只有 36.75 千米。

传递胜利喜讯的斐迪庇第斯

雅典勇士斐迪庇第斯从马拉松战场一口气跑到雅典传递胜利喜讯后死亡。后世的人们为纪念他而举办了马拉松比赛。

02

源于神话的希腊哲学

想必很多人都曾通过一些故事书接触过希腊神话，但哪怕不曾读过这些书籍，我们对于宙斯、阿波罗、波塞冬、阿佛洛狄忒等希腊神话中的神也十分熟悉。

这些多姿多彩的希腊神话不仅有趣，而且还具有十分重要的意义。一直以来，希腊神话都是西方文化和艺术作品中最常见的素材之一，因此我们想要学习西方文化，就必须将它了解透彻。

除此之外，若能够熟悉希腊神话，对我们学习西方哲学也会有很大的帮助。因为古希腊人正是基于神话故事发展哲学的。最初人们抱着好奇心去了解世界时，脑中浮现的第一个问

众神之王——宙斯

古希腊神话指的是古希腊人们幻想出来的所有神话故事和传说故事。古希腊神话是西方文化的根源之一。

题便是:“是谁、如何创造了这个广阔的世界?”

起初，人们认为创造世界的并不是人，而是一个拥有无限能力的存在，即是神创造了这个世界。

后来，人们开始思考“这个世界如何运转，人应该根据什么原则生存”的问题。最终，古希腊人从神话中找到了想要的答案。

人是一个什么样的存在?人该遵守何种规则?若不遵守规则，又会接受何种惩罚?对于这些问题，现代人能从法律、道德、哲学中寻找答案，但古希腊人认为神会告知他们这一切。或许是出于这样的缘故，古希腊神话中的神普遍与人保持着十分密切的关系。

古希腊神话中的神不仅经常出现在人的面前，还帮他们实现愿望，甚至帮他们预测未来。有时，神会分成几个阵营相互攻打;有时，他们又会与人和睦相处。后来，古希腊哲学家还曾批判这些故事不符合神的风范。

如今，我们之所以对这些神话故事耳熟能详，就是因为当初有人将它们记录了下来。如果换作现代人来叙述神话，肯定会写成各种小说，但古人们却是用诗句来描述这些故事的。这就是所谓的“史诗”。

古希腊最著名的诗人是荷马，传闻他就是经典史诗《伊利亚特》和《奥德赛》的作者。我们所熟悉的希腊和特洛伊之间爆发的特洛伊战争就是《伊利亚特》中的一个故事。

不过，无论是写诗还是写小说，作者必然会加入一些自己的想法，因此，史诗也可以理解为作者凭借自己的想法将一些流传下来的故事进行的整理。起初的神话都是一代代口口相传下来的，后来，荷马等诗人对其进行编纂，作为自己的作品流传了下来。

至于写什么、不写什么、怎么写则全凭作

荷马（？—？）

古希腊诗人。传闻是史诗《伊利亚特》和《奥德赛》的作者。

者的意愿，即史诗中必然会包含作者的思想。

例如，荷马所写的史诗中包含有关创世的故事，而这个故事也可以看作荷马本人对创世的看法，即史诗中包含着荷马在如何看待世界这一问题上的哲学观。

按照荷马的观点，世界的一切都诞生于海洋，即诞生于水。就连神在发誓时也要对着水发誓，很多诗人将水称为“斯堤克斯[①]”。不过，另外一个诗人赫西俄德则认为世界的一切源于“卡俄斯”，即源于混沌。

那么这些诗人是如何将哲学加入故事中的呢？这时候的“哲学”泛指“人们对世界的认知”。

“花儿为什么这么美丽?”“阳光为什么这么温暖?”“雨水为什么会下落?”“波涛为什么会起起落落?”对于世间发生的各种事情，诗人们都按照自己的理解进行解释。

他们起初对这些神奇的现象赋予各种说明，但在某一刻会幡然醒悟：“啊，原来世间所有不变的事物到了某一刻就会转变为各种形态!”

事物不变的本身的形体，我们称之为“本质”；而事物变化的表现，我们称之为“现象”。

① 斯堤克斯（Styx）：古希腊神话中的冥界之河。另外，也指大洋河流之神——俄刻阿诺斯与大洋沧海女神——泰希斯之女。

那么，假设花是现象，种子就是本质；雨是现象，云就是本质；波涛是现象，大海就是本质。

就像这样，在我们得到“这个原来是这样”的解惑之后，心中又会生出“那个为什么会变成那样”的疑问。

在持续不断地疑惑或解惑的过程中，我们最终会领悟“原来世间的一切都是遵循这种规律的”道理。于是，我们对人的生死有了理解，甚至得以解释这个世界。

本质	不变的本身形体；变化的根源	太阳	种子	云	大海
现象	事物变化的表现	阳光	花	雨	波涛

由此可见，哲学就是解释世间一切的学问。虽然从科学的角度来说，这种概念也不完全正确。但不可否认的是，正是源于希腊神话的、人们对哲学的好奇心，带动了科学的发展。

趣味小常识

《伊利亚特》和《奥德赛》

《伊利亚特》和《奥德赛》相传为荷马叙述希腊神话的史诗代表作。一直以来，它们都是西方文化和艺术作品中的常用素材。其中，《伊利亚特》讲述的主要是有关特洛伊战役的内容，而《奥德赛》讲述的则是特洛伊战役之后发生的一些事情。

《伊利亚特》的核心内容其实很简单。由于特洛伊王子帕里斯拐走斯巴达王后海伦，于是希腊军队攻打特洛伊。这场战争持续了十年之久，而《伊利亚特》叙述的便是战争最后一年的 50 天里所发生的事情。

《奥德赛》可以解释为“奥德修斯之歌”，其故事主角是使用木马计攻破特洛伊的伊塔克国王——奥德修斯。《奥德赛》讲述的是特洛伊战争结束后，奥德修斯在海上历经十年漂泊后，最终返回自己王国的故事。

特洛伊木马

奥德修斯下令制造中空的巨大木马，让士兵们藏于木马腹中。在木马被特洛伊士兵们拉进城中后，奥德修斯和希腊军队里应外合占领特洛伊城，取得了战争的胜利。

03

哲学之父——泰勒斯

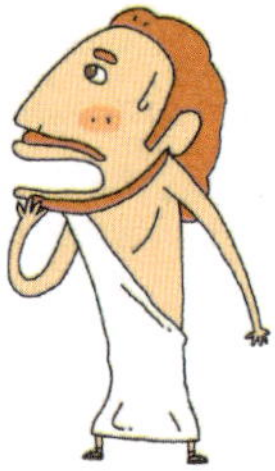

正如之前所说，古希腊人曾通过神话发展哲学，所以一旦对某些事物产生好奇，他们就会试图从神话故事中寻求解答。于是，对于“是谁创造了世界”的问题,他们理所当然地认为“是最厉害最伟大的神创造了世界”。

对于雨天打雷的现象，古希腊人认为是神王宙斯发怒，才会在天上扔下雷霆。另外，海上的风暴在他们看来也是因为海神波塞冬愤怒而引发的。这些解读对于现在的人来说也许十分可笑，但在当时的古希腊人看来，自然中发生的种种神奇的事情就是神灵们的各种行为引发的结果。

不过并不是所有的古希腊人都是这么认为的。随着时间的流逝，渐渐有人开始对这样的思想产生了怀疑。第一个反对用神话来解释世界的人便是一位名叫泰勒斯①的哲学家。

泰勒斯的主张无疑给当时的人们带来了很大的冲击。明明是神创造了世界，令太阳升起落下，让天空降下雨雪，但此时却有人表示这一切都是自然现象，与神无关。这如何不叫人惊讶？

泰勒斯被视为第一位摆脱希腊神话的影响、

① 泰勒斯（？— ？）：古希腊哲学家。泰勒斯主张水是万物的本源。此外，他还曾预测日食，测量了金字塔的高度。

开启“真正哲学”的哲学家，因此人们也称他为“哲学之父”。

泰勒斯能提出这种与众不同的猜想也是有缘由的。他原本是一位商人，所以经常会远行，甚至还去过埃及和亚洲。在远行的过程中，他经常会寻访当地的学者们并聆听他们的教诲。

传闻泰勒斯对数学和天文学很感兴趣，所以一旦有这些方面的书籍问世，他都会想方设法地找来读。当时不同于现在，书籍十分珍贵。

也许是好学的原因，泰勒斯在天文学方面表现出与众不同的天赋，甚至连日食日期都能预测出来。

日食是指月球遮挡部分或整个太阳，使人们看不到太阳的现象。当太阳、月亮及地球依次排成一条直线时，就会产生日食现象。

古时候，人们往往视日食为大凶之兆，极为害怕，他们连日食出现的原因都不知道，所以更不可能预测日食发生的日期，或者说，他们根本想不到日食也是能够预测的。正是在这样的社会环境下，泰勒斯预测到了日食出现的日期。

当时，没有人相信泰勒斯的话，甚至一度认为他疯了。然而，到了泰勒斯所预言的时间，太阳真的消失不见了，白天变得如夜晚一样漆黑，于是泰勒斯的名声在希腊一下子广为流传。

由此可见，不同于当时的其他人，泰勒斯是真正用科学的眼光来看待这个世界的。对于“世界是什么样子”“世界是谁、如何创造的”这些问题，泰勒斯并没有像其他人那样从神话中寻找答案，而是试图用自然本质进行解释。

不过泰勒斯并没有就此停止思考，而是提出了自己的主张：我们所生活的地球漂浮在一望无际的大海上，万物的根源是水。因为在他看来，无论是植物还是包括人在内的动物，离开水就无法生存。

尽管在现代人看来，这种观点十分可笑，但它其实具有十分深远的意义，因为泰勒斯研究的不再是神话，而是自然本身。继泰勒斯之后，哲学家们渐渐否定神话，开始用自然本身来解释各种事物。因此我们才会称泰勒斯为“哲学之祖”或“哲学之父”。

知识要点

- 古希腊是由许多小城市组成的城邦制国家。
- 古希腊的哲学用神话或神来解释世界运转的规律，因此说古希腊哲学源于神话。
- 在苏格拉底之前也有不少哲学家。例如，主张“水是万物的本源”的泰勒斯就被我们称为“最早的哲学家”。

思想理念

智慧和正确

古希腊人起初用神话来解释世界，然后又将目光转向自然。不过哲学家苏格拉底又将关注点转移至人。那么，他所说的“智慧”是指什么呢?

01

是非的判断

从自然到人的转变

正如之前所说，古希腊人信奉神，所以对世界有什么疑问，总想着从神话中寻找答案。后来，人们渐渐摆脱神话的束缚，试图从自然中寻找答案，而我们称这种行为为“自然哲学”。

自然哲学家们往往对宇宙和自然感兴趣，而且喜欢从自然中寻找问题的答案。然而随着雅典在希波战争中取得胜利，经济和文化得到长足发展，民主主义开始盛行，人们的观点也渐渐发生了转变，相较于自然，人们对政治更感兴趣。

人们起初思考“什么是正确的政治”，进而探索“什么是正确的行为”，然后开始研究寻找正确行为的方法。

通常情况下，人们到了衣食无忧的地步就会开始对文化感兴趣。雅典人同样如此。由于国泰民安，民众们自然而然就开始有了观看表演等享受文化或提高修养等更高层次的需求。

另一方面，随着民主主义的发展，提出自己意见和说服别人的事情变得格外重要。口才好的人，即能言善辩的人不仅可以参加选举，成为官员，出人头地；还能在审判中说服法官和陪审团打赢官司。

于是，包括雅典在内的希腊城邦中渐渐形成能言善辩的人能够受到尊重的氛围。在这样的社会氛围下，有一群人变得十分活跃，他们就是“智者”。智者们会收取报酬，教授人们在众人面前夸夸其谈的技术。

能言善辩是善于说服对方认可自己的意见，但这些智者在说服别人时，并非始终采用正确的方法。他们经常对毫无根据的事情夸大其词，又或是用一些浮华不实的话来混淆视听。

有一个关于智者的有趣故事。据说曾经有一位智者在教完弟子后向对方索要报酬，但弟子却以自己没有学到有用的知识为由，拒绝向他支付报酬。最后，事情闹到了对簿公堂的地步。在法庭上，两个人各执一词、针锋相对。

智者开口说：“假如最后是我胜诉，你就要根据审判结果向我支付学费。但如果我最后败诉，你也要向我支付学费。因为你胜诉说明你比我更能言善辩，而这也是我教导有方所致。既然你跟我学习过，还学有所成，那作为报酬，你自然要向我支付学费。”

对此，徒弟回答说：“你说得不对。我没有必要向你支付学费。假如我胜诉，根据审判结果，我自然没必要向你支付学费。但如果我败诉，就更没必要向你支付学费，因为这说明你没能教会我什么。”

对于当时的人们来说，这样的争论无疑是十分有趣的节目。每当其中一方说话有条有理，辩得对方哑口无言，人们就会发出一阵阵欢呼和惊叹；而对于理屈词穷的一方，人们则会发出一阵阵哄笑和嘘声。

总之，这些智者非常善于辩论，让人分辨不清是非。相较于追求逻辑和真理，他们更注重用巧言妙语来战胜对方。他们主张世上没有绝对的正确，对与错要根据具体的情况来判断，即他们认为在争辩中胜利的一方代表正确的人、正确的事。

无论我在法庭上胜诉还是败诉，你都要向我支付学费。
不，无论是老师你胜诉还是败诉，我都没必要向你支付学费。

好迷糊啊！

是非究竟能不能辨得清

想要回答“应该如何活着”这个问题，首先得明确“怎样活着才是正确的”，但智者们却主张世上没有绝对的正确，所以人们也无法领悟什么是正确。

普罗泰戈拉作为智者派的代表人物曾言：“人是万物的尺度。”也就是说他认为判断一件事情对错的标准在于人，所以对和错、好和坏都取决于人的感觉。总而言之，智者们认为“没有永远的对错”。

例如到服装店买衣服时，同样的一件衣服，我们自己会觉得好看，但朋友说不定会觉得不好看。由于每个人的判断标准不同，所以智者们认为没有什么东西是永远正确的。

另外，不管是多么漂亮、多么好闻的花，经常看到或闻到也会觉得厌倦。更何况一百朵花的香气聚在一起也不见得香气会增加一百倍，说不定它更接近令人感到不适的刺鼻气味。

智者们通常会根据人的感觉判断事物的正确与否，但人的味觉、触觉、嗅觉、听觉等感觉因人而异，所以他们才会认为不存在“始终正确的东西”，而且“此一时，彼一时”。

但若是按照智者们的想法，世上就不存在任何可以确定的事情，所以智者们本身对此也无法做到自圆其说。

甚至，一个叫高尔基亚的人还曾表示：“无物存在。即使某物存在，我们也无法认识它。即使我们认识某物，也无法把它告诉别人。”

不同于智者们，苏格拉底主张存在适用于所有人的是非标准，而这个标准就是“普遍的人”。这里的普遍的人指的是可以代表所有人的人。

另外，苏格拉底还认为人具有一种可以判

断是非的能力——理性。在他看来，唯有理性才能成为判断是非的标准，而不是人的视觉、触觉、听觉等感觉。

综上所述，能够让我们具备判断世间是非的确切标准便是“智慧”。

02

获得智慧的途径——对话法

诞生智慧的精神助产术

苏格拉底是如何获得判断世间是非的标准——智慧的呢？要知道，当时别说是互联网，就连书籍也十分珍贵。

苏格拉底认为，能够获得确定知识的最可靠方法便是相互发问和回答的“对话”。他会装作自己也不知道的样子，不断询问对方，引导对方回答自己的提问。

例如，苏格拉底会以“啊，是吗?”“不过那是什么意思?”“你如何证明这句话是正确的?”等不断提问的方式，让对话一直进行下去。

通过这种方式，苏格拉底会证实对方的观点是错误的，而对方最终也会意识到这一点。苏格拉底把这种以对话形式领悟正确知识的方法称为“精神助产术[①]”。

助产指的是在产妇旁边帮助生产的行为。而苏格拉底的行为就像助产师一样，不会直接传授对方真理，但会通过对话的形式，帮助对方领悟正确的知识、了解到自己的无知。这种方法的优点在于相较于直接传授知识，能令对

---

① 精神助产术：一种不断提出有关对方的理论或意见的问题，帮助对方树立正确的概念、发展出新思想的讨论方法。

方对该知识有更深刻的领悟。

例如，我们在解有难度的数学题时，若是先看答案后再解，或许过程会更容易一些，但过了一段时间后，不一定能够记起来。哲学也一样，需要我们自行思考问题，才能让知识真正成为自己的东西。

雅典的牛虻

通过对话，苏格拉底成功地令一些人意识到了自己的无知，但这些意识到自己无知的人不仅没想过要反省，反而对苏格拉底产生了埋怨。可以说很少有人会喜欢提问一针见血、戳人痛处的苏格拉底。甚至，一些雅典人还曾因厌恶苏格拉底而动手殴打过他。但苏格拉底对此却一笑置之，说:“难道一头驴踢了我一脚，我就得一脚踢回去吗?”

苏格拉底喜欢称自己为“雅典的牛虻”。牛

虻是一种喜欢缠在牛身边伺机吸血的让人讨厌的昆虫。

当雅典人陷入懒惰中无法自拔时，苏格拉底就不断向他们提问，使他们了解到自己的无知。因为他坚信只有理性被唤醒，人们才能获得判断是非的确切标准——“智慧”。

知识要点

- 世上存在适用于所有人的、判断是非的标准。
- 智慧是判断世间是非的确切标准。
- 苏格拉底曾一直努力成为像牛虻一样的人。他不断向雅典人们提出各种刁钻的问题，并试图以这种方式唤醒雅典人的理性。

名言名段

苏格拉底的
名言名段

事实上，苏格拉底从未说过“认识你自己”“恶法亦法”等话，但这些话与他的哲学观有着极为密切的关联。

人生
时代
思想
名言
时事
NEWS

01

认识你自己

大家或许不了解苏格拉底，但想必都曾接触过“认识你自己”这句话。事实上，苏格拉底并未说过这句话。

可既然不是苏格拉底说的，我们为什么会认为这是他曾说过的话呢？因为这句话对于我们理解苏格拉底的思想很有帮助，同时与他的哲学思想也有着十分密切的关联。

当时，希腊人普遍信仰各种神，而且还为此建立了很多神殿。神殿是信徒们供奉神灵或向神灵祈祷的场所。据说，位于德尔斐的阿波罗神殿上就刻有“认识你自己”这句话，因此它更有可能是生活在苏格拉底之前的某个睿智的人曾说过的话。

这里还有一个关于阿波罗神殿和苏格拉底的故事。

据说有一天，苏格拉底的朋友——凯乐丰到阿波罗神殿献祭一只鸡，寻求神谕。神谕是指神给信徒下达的指引。不过这种指引并不是神直接出现在信徒面前给予解答，而是通过信奉神灵的祭司代为转达。

当时凯乐丰向神询问世间有没有比苏格拉底更聪明的人，而祭司回答说世上不存在比苏格拉底更聪明的人。

如果换成普通人肯定会为此感到高兴并到处炫耀，但苏格拉底却更在意神谕的正确性，因此他到处拜访所谓世间最聪明的人，想要证明自己是否真的比他们聪明。

苏格拉底找到当时那些被人们视为“聪明人”的政治家、诗人、匠人等进行了一番交流。这些人相当于现在的政府官员、艺术家、工程师等。在利用精神助产术与他们进行对话之后，苏格拉底发现他们确实比自己更无知。因为这

位于德尔斐的阿波罗神殿遗迹

阿波罗是希腊神话中的太阳神，同时也是弓箭、医术、艺术、音乐、预言之神。德尔斐位于希腊中部的帕纳塞斯山西南侧山坡，是著名的神谕之所。

些人对很多事情一窍不通，却自以为是地认为自己知道得很多。

不同于这些聪明人，苏格拉底很清楚自己知道的东西其实很少，只是相较于那些所谓的聪明人，他还是略胜一筹。

由于清楚自己并不聪明，苏格拉底认为那道神谕的真正意图是让自己帮助其他人认识到自己的无知。

人们普遍认为自己很了解自己，因为人们很清楚自己的年龄、名字、长处、喜好等。但苏格拉底却认为，所谓的“了解自己”其实是了解自己有多么无知。

而想要了解自己的无知，我们就得先了解自己知道什么和不知道什么。也就是说我们得确切地了解自己不知道什么、为什么会不知道、自己知道什么、是否真的知道等内容。

有趣的是，被誉为“哲学之父”的泰勒斯

却留下了与苏格拉底完全相反的话。有人问他："在世上，做什么事情最难，做什么事情最容易？"泰勒斯回答说："最容易的是了解自己；最难的是给别人建议。"

02

无知即罪恶

苏格拉底认为人之所以犯下罪恶是因为无知，即他认为人犯下罪恶的原因是因为人不知道自己所做的事情是邪恶的。若是早已知道什么是善良、什么是邪恶，人就不会去做邪恶的事情。

因无知才犯下罪恶，那么若是拥有智慧，人必然会做善事。既然知道，就不可能不实践；

既然不知道，就不可能实施。因此，苏格拉底认为“知”即“行”。

一些明知学习很重要，但偏偏不学习的人，或许并不认同苏格拉底的观点。可在苏格拉底看来，人不学习是因为他虽然知道学习重要，但并不知道具体有多重要。

当人们都认为世上不存在所谓的“关于是非的正确答案”时，苏格拉底却坚信世上存在“正确答案”，还表示想要了解什么是“正确的”，就必须先了解判断是非对错的主体——人。因为只有先了解人，才有可能明辨是非。

无知 = 罪恶

智慧 = 善事 = 知 = 行知

03

恶法亦法

传说，苏格拉底还曾留下一句名言：“恶法亦法。”但事实上，苏格拉底从未说过这样的话。

那人们为什么会认为他说过这句话呢？就像之前提及过的“认识你自己”一样。这句话虽然不是苏格拉底说的，却与他的哲学思想同样也有着极大的关联。

尽管苏格拉底一直在为成为“雅典的牛虻”而努力，但雅典人不仅没有感激他这只牛虻，反而将他视为令人反感的害群之马。

当时的雅典政局十分混乱。在希波战争结束后，雅典处于希腊城邦中的领导地位，经济开始走向繁荣，后来，因为主导权问题，与斯巴达开战，即之前提过的伯罗奔尼撒战争。

这场战争持续了二十多年，其间，雅典遭遇瘟疫等各种灾祸，就连当时雅典杰出的领导人伯里克利也因感染疾病去世。最终，雅典在战争中败北。

不过在战争中，一个名叫亚西比德①的人背叛了雅典，把重要的情报泄露给斯巴达。而他的身份是苏格拉底的好友和学生，所以人们免

---

① 亚西比德（公元前450—公元前404）：古希腊雅典政治家，曾受到苏格拉底的指点。另外，他还曾引发雅典政治纷争，导致雅典在伯罗奔尼撒战争中败北。

不了对苏格拉底也起了疑心。

当时雅典的政治制度为民主制，而斯巴达则是采用少数领导人独揽政权的寡头制①。战争胜利后，斯巴达要求雅典也实行寡头制。

而这样的寡头政治给雅典带来了很多问题。当时，寡头政府的官员们不仅杀了很多无辜的人，还贪污了大量国有财产。

最终，忍无可忍的雅典人揭竿而起，推翻了寡头政府。然而由于寡头政府官员中有几位是苏格拉底的朋友，人们又开始怀疑苏格拉底有通敌的嫌疑。那些原本就视苏格拉底为眼中钉、肉中刺的人更不愿意放过这样的好机会。

有时候，人们明明知道自己的想法是有问题的，但还是忍不住想要相信。苏格拉底动不

① 寡头制：指少数人执掌政权的政治制度。

动就拦住行人说："你觉得自己知道的很多，但你其实一无所知，你要承认自己的无知。"所以不少人都很反感他。

更何况人们原本就怀疑苏格拉底可能不支持民主制。正如之前所说，苏格拉底曾主张："无知即罪恶。人因为无知才会做出恶行。"这句话的意思是，人想要行善事，就必须先了解什么是善，同样只有明白什么是善的人，才有可能行善事。

民主制的性质决定了每个人都拥有相同的权利，即无论是睿智的人还是愚蠢的人都有参与政治的权利。但苏格拉底的想法却不同，他认为政治家能对其他人产生极大的影响，所以应该只给那些睿智的人参政的资格。

这种意见深得当时青年人的认同，于是其他人对他更加怀疑了。试想，大量的青年人聚在一位思想家周围，人们难免会怀疑他们是否在谋划着什么大行动。

最终，苏格拉底被一个名叫莫勒图斯的人告上法庭。罪名是不信城邦所信仰的神和蛊惑青年人堕落。

最终，七十岁高龄的苏格拉底不得不站在法庭上接受审判。虽然苏格拉底没有记下审判的过程，但他的弟子柏拉图却在自己的作品中

详细地讲述了当时的经过。这些作品是《伊壁鸠鲁篇》《苏格拉底的申辩》《克力同篇》《斐多篇》等。

这四部作品分别讲述了苏格拉底入狱之前前往法庭的场景、审判过程、监狱中与朋友们的谈话、苏格拉底迎接死亡时的情景和柏拉图关于灵魂的一些看法。

柏拉图的作品大多采用对话形式，所以也叫“对话录”。在法庭上，苏格拉底并没有辩解自己无罪，而是根据自己的信念，与对方进行了辩论。

《苏格拉底的申辩》从希腊语翻译而来。其实，从内容来看，“辩论”比“申辩”更合适，但此时的苏格拉底是以戴罪之身在对自己的审判中辩护自己的主张，所以也有申诉的意味。

在法庭上，莫勒图斯指控苏格拉底给年轻人灌输危险的思想，从而危害社会安全。对此，苏格拉底用特殊的对话法进行了辩论。

苏格拉底：恶人会对周围的人产生坏的影响，而好人则会对周围的人产生好的影响，对吗？

莫勒图斯：当然是这样。

苏格拉底：你认为会有人宁愿受到来自周围人的伤害，也不愿意从他那里得到好处吗？

莫勒图斯：自然没有。

苏格拉底：那么在法庭上，你指控我腐蚀青年，使他们堕落，而你认为我这么做是有意的还是无意的呢？

莫勒图斯：我认为你是有意的。

苏格拉底：可是你刚刚承认过对于周围的人，好人总是产生好的影响，而恶人则会产生坏的影响。假如我腐蚀某个年轻人，使他堕落成为恶人，那成为恶人的年轻人肯定又会反过来害我。所以我没有理由冒着从他那里受到伤害的风险去腐蚀他，不是吗？要么我没有起到坏的影响，要么我起到了坏影响，却是无意的。在这两种情况下，我是无罪的，而你则是在撒谎。

莫勒图斯直接被苏格拉底辩得哑口无言。可见苏格拉底的对话法是多么犀利。

另外，在指控苏格拉底不信雅典之神的环节中，苏格拉底同样通过对话法证明了自己的无罪和对方的无知。可惜的是，最终他还是被判为有罪。

当时的陪审团人员是随机抽取的500名雅典市民。在认定苏格拉底是否有罪的第一次判

《苏格拉底之死》| 大卫，1787 年作

在古代雅典，死刑犯需要自己喝下毒酒。在画中，苏格拉底一边接过装有毒酒的杯子，一边用手指指向上空。这幅画描述了苏格拉底“灵魂应该从身体摆脱出来”的思想。画中，坐在左侧床脚边陷入冥想的人是柏拉图。但据说，柏拉图并未见过苏格拉底的最后一面。

决中，认为他无罪的人数为 220 人，认为他有罪的人数为 280 人，所以苏格拉底最终被判有罪。而在量刑的审判中，一共有 360 人认为他应该被判处死刑。

30 天后，苏格拉底喝下毒酒离开了人世。

04

人由灵魂和肉体组成

下面的对话是柏拉图所写的《斐多篇》中的部分内容，主要记录苏格拉底临终之前的谈话。从对话中，我们可以看到苏格拉底不畏死亡的精神和他所主张的人由肉体和灵魂两大要素组成的观点。

苏格拉底：哦，我的朋友。死亡不就

是灵魂从肉体中解脱和分离吗？

西米：是的。

苏格拉底：真正的哲学家都想要解放自己的灵魂。他们探索的问题就是从肉体中分离出灵魂，让灵魂得到解放，不是吗？

西米：确实如此。

苏格拉底：那么，正如我之前所说的，假如一个一直迫切想要接近死亡状态的人，在临近死亡时反而退却了。你说这是不是很可笑？

西米：是啊。

苏格拉底：西米，真正的哲学家是始终关心死亡却最不害怕死亡的人。换言之，他们始终都在与肉体作斗争，渴望自己只剩下纯粹的灵魂。假如他们的希望成真，最终抵达冥界，他们就有望获得在世时渴求的智慧，同时又能摆脱自己一直以来的宿敌——肉体。可是到了即将离开之时，若是不仅不感到高兴，反而会害怕、后悔，你说这是多么矛盾的事情？很多人都渴望死亡，因为死亡之后就能与已逝的亲人们团聚。而身为追求智慧的人、深信只有到了冥界才能享受智慧的人，他又如何会拒绝死亡呢？哦，我的朋友。你要知道真正的哲学家一直坚信只有到了冥界才能发现最纯粹的智慧啊。既然如此，正如我所说，真正的哲学家害怕死亡是一件十分荒谬的事情。

——摘自柏拉图的《斐多篇》

按照苏格拉底的理解，人的灵魂是永恒的、美丽的、善良的，而肉体会随着年龄的增长而变化，所以人必须摆脱肉体的束缚，前往灵魂的世界，因为只有永恒不变的才是善良的。

正如我们所见，苏格拉底的哲学思想经过柏拉图和亚里士多德的传播，最终成为中世纪基督教世界的核心思想，乃至当今西方人看待世界的价值观。

知识要点

- 认识自己即自知无知。
- 无知即罪恶，知识即德行。
- 只有智慧的人才能正确地行事。
- 人由肉体和灵魂组成。我们需要摆脱肉体的束缚，前往灵魂的世界。

时事关联

用智慧摆脱
游戏成瘾

按照苏格拉底的观点，智慧是明辨是非的标准。这一点也适用于当今我们周围出现的各种问题。

人生
时代
思想
名言
时事

01

知识和智慧的区别

我们周围有不少沉迷于电脑游戏而忽视学习或长期熬夜的学生。即使白天上课时，这些学生们脑中所想的大概也是游戏中的角色们。游戏中华丽的图像会令他们心情快乐；一步步完成任务的过程会给他们带来极大的成就感。如果是苏格拉底，他会如何劝诫这些游戏成瘾的学生们呢？

苏格拉底本人也肯定清楚电脑游戏好玩的事实。因此，他很可能会对这些游戏成瘾的学生尝试使用问答形式的对话法。

当认为做某件事自己能够获得利益或好处时，人就会付诸行动。许多学生沉迷游戏的最大原因是因为玩游戏有趣。

假如苏格拉底询问这些学生游戏给他们带来最大的收益是什么，他们多半会回答能缓解压力。然而彻夜玩游戏，第二天早上迷迷糊糊地到学校上课，学生们肯定会发困或无法集中注意力听老师讲课。

喜欢玩游戏的学生们都知道一个道理：游戏虽然能让自己快乐，但若是玩得太入迷，以至于影响睡眠，就有可能危害健康或给自己带来损失。

在生活中，我们时常会思考自己要做什么事情、该怎么做等问题。而思考这些问题的行为本身便是哲学。

哲学不会直接告诉我们做什么事情，而是会让我们自主思考做什么事情，或者给予我们智慧，让我们能更好地进行思考。

那么智慧和知识有什么区别呢？智慧和知识虽然在“了解某些东西”的方面很相似，但在“如何去了解”这一方面却大相径庭。

简单来说，智慧是整体的，而知识则是部分的。正沉浸在游戏中的学生当前的心情会很愉快，即“当前”这一部分理由使得他们沉浸在游戏中。这个理由也可以看作是对电脑游戏的一种“部分理解”。

但如果把沉迷游戏可能引发的损失也考虑进去，就称得上是“整体上的理解”。虽然游戏可以缓解压力，但若是因此而占用学习的时间或睡觉的时间，第二天的学习生活必然会受到影响。

如此一来，学生们就跟不上学习的进度，从而导致考试成绩下滑；而考试成绩下滑，又会给学生们带来压力，从而使他们再次沉迷于游戏。如果了解这些情况，便是对过度沉迷游戏的结果的“整体上的理解”。

由此可见，智慧和知识虽然都是对某些事物的了解，但知识是部分的、即时的，而智慧则是根据整体情况，考虑所有关联事项，从而下定正确判断的一种能力。

因此，只有拥有智慧，我们才能根据对比判断自己现在所掌握的知识是否正确，以及是否能利用这些知识来解决遇到的问题。

人类身上发生的所有事情都是各种原因相互牵扯导致的。如果说知识能够明确区分问题和答案，智慧讲的则是我们现实生活中所发生的问题和相关知识之间的联系。

02

苏格拉底和孔子

如果说苏格拉底是西方最著名的哲学家，那么在东方孔子则最广为人知。孔子留下的思想不仅对中国，也对亚洲各国文化都极具影响力。

孔子出生于公元前551年，苏格拉底出生于公元前470年[①]，所以孔子比苏格拉底早出生

① 公元前470年：一说苏格拉底出生于公元前469年。

孔子（公元前 551—公元前 479）

中国春秋时期鲁国的思想家、政治家和教育家。创立了以仁为核心的道德学说。

了80年左右。另外，他们二人很长寿，都活过了70岁。

孔子的出生地位于春秋时期鲁国的陬邑，属于现在的山东省。据说孔子的故乡是一个小村庄，但当地的文化水平却极高。

可以说苏格拉底之所以能成为伟大的哲学家，跟他出生在雅典有很大的关系。因为当时的雅典是希腊城邦中文化最发达的地区之一，所以当时的人们必然会受到极大的影响。假如雅典并不是一个重视文化和哲学的城邦，而是一个只重视商业的城邦，那么也许苏格拉底最终会成为一名商人。

孔子同样受到了很多来自时代环境的影响，他所生活的春秋战国时期，天下也同希腊城邦一样被分成多个国家，国与国之间相互攻伐、混战不休。

春秋战国可谓是一个战乱不断的混乱时期，

因此孔子才会下定决心要拨乱反正。

然而人们并不认同孔子的行为，反而嘲笑他。这也难怪，战争使得世界一片混乱，人人只为自己考虑，孔子却张口闭口强调“德行”，如何会讨人喜欢？

那苏格拉底又如何呢？须知当时的雅典到处都是智者派，而智者又是一群主张世上无绝对真理的人，他们自私自利，还专门以传授演说和辩论技巧来谋取大量财富。

当时雅典的大部分青年都被智者洗脑了，在智者的影响下，这些青年变得急功近利、唯利是图。这样的青年肯定无法引导国家走向强盛。

反观苏格拉底则不断思考“什么是真正的知识”，同时还利用对话法不断去唤醒青年们。不过在当时的人们看来，苏格拉底这是在诱导年轻人。因为苏格拉底特立独行，对任何事情都抱有怀疑的态度，还喜欢不断地向人们提出疑问，所以十分惹人厌烦。

然而真正的哲学家在社会陷入混乱时不应该随波逐流，而是应该坚定地走自己的路。孔子和苏格拉底之所以能名垂青史、受人敬仰，也是因为做到了这一点。

而这两位哲学家就连探索真理的方法也十分相似，都与“对话法”有关。

苏格拉底并没有给追随自己的人解释“什么是什么样的”，而是不断地向对方提出各种问题，在提问和回答的过程中，人们会领悟到自己原本不知道的知识。这就是苏格拉底的对话法。

那么孔子又是如何做的呢？

说到中国文化古籍中的经典著作，我们都知道《论语》。《论语》是整理孔子思想的书籍，并非由孔子所编，而是孔子去世后，由他的弟子及再传弟子整理出来的。《论语》中记录了孔子与其弟子的对话内容。这一点与苏格拉底的弟子——柏拉图整理自己老师思想记录的情况很相似。

如今，我们经常会接触到“子曰”这个词。其中的“曰”指的是“说”。即“子曰”可以解释为“孔子如此说道”。孔子在教导弟子时通常也会选择相互提问和回答的方式，而不是盲目地灌输自己的思想。

古希腊哲学大致可以分为苏格拉底之前和苏格拉底之后。苏格拉底之前的哲学家们普遍对自然抱有兴趣，所研究的大多也是自然界的各种规律，但苏格拉底则更关注人本身，所研究的也是“人应该如何生存”等相关问题。

那孔子之前的哲学又是怎样的呢？当时的人们同样对自然更感兴趣，而且对于一些无法用常识来解释的现象，他们往往会归结于鬼神之说。这一点与古希腊人将各种自然现象视为神迹的情况很相似。

如我们所见，虽然孔子和苏格拉底生活在不同的时代、不同的国家，但他们之间却存在很多共同之处。在《论语》中就提及过孔子的兴趣。下面是孔子与他弟子的一段对话。

子路：死亡是怎么回事？

孔子：生的事情你都不知道，哪里能知道死的事情呢？

子路：那您告诉我如何侍奉鬼神吧。

孔子：侍奉人的事情你还不能做好，哪里能做好侍奉鬼神的事情呢？

——摘自《论语》白话文

可见孔子不愿意讲自己不了解的鬼神的相关事情，更愿意说自己能经常接触到的人的事情。孔子主要研究的是“人应该怎么做”的问题。

按照孔子的思想，人即“仁”。“仁”指的是克制和礼让。人本身也是动物，所以自然就有动物的本性，而只有克制动物的本性，才能实践真正的仁。例如，在公交车和地铁上，给

身体不便的人让座就是一种实践仁的体现。

由此可见，孔子和苏格拉底均强调“人该怎么活”的问题。

那么人究竟该怎么活呢？

苏格拉底和孔子都强调了人应该活得像人。活得像人或许会分很多种，但其中最重要的无疑是培养人类独有的思考能力。如今我们学习

哲学也是培养思考能力的一种方式。

人能通过思考摆脱无知的状态，成为更“完整”的人；而人正是因为成为更完整的人，从而摆脱无知，克服不安的状态，才能生活得更加幸福。

通过苏格拉底的故事学习哲学

我们为何要了解2500多年前生活在地球另一边一个叫希腊的小国的哲学家——苏格拉底呢?

与我们一样，苏格拉底也不过是曾经生活在地球上的一个人而已。我们之所以要在地球上的数十亿人，乃至迄今为止曾生活在地球上的无数人当中了解苏格拉底，是因为他对于如今的我们有着极大的意义。

苏格拉底是第一个围绕“什么是人”建立了系统理论的人。当然，在苏格拉底之前也不见得就没有人研究过有关人的理论，但根据迄今为止的文献记录，苏格拉底确实是第一个研究“什么是人”这一命题的人。

苏格拉底认为人由肉体和灵魂组成。尽管我们现在对这种理论见怪不怪，但在当时，却是一种十分大胆的猜测。

另外，苏格拉底还思考过“人该怎样活”

的问题。他认为人不应该满足于肉体上的、物质上的享受，而是应该发展高尚的精神世界。

受到苏格拉底的影响，两千年后，即200多年前，英国的哲学家约翰·穆勒曾留下一句名言："不满足的苏格拉底比满足的傻瓜更幸福。"可见，苏格拉底比肉体更注重精神、比肉体上的满足更追求精神上满足的思想一直流传至今。

约翰·穆勒
（1806—1873）

英国经济学家、哲学家。在经验主义的基础上，将归纳法系统化；致力于确立实证主义社会科学理论。

人之所以是人，是因为不像动物那样只追求肉体上的满足，而是哪怕饥饿，也会追求精神上的满足，即追求灵魂上的美。这也是苏格拉底一直强调的观点。

苏格拉底在蒙受不白之冤，即将饮下毒酒离开人世之前，仍然坚定自己的原则，认为灵魂能够摆脱肉体的束缚踏入不朽，所以十分欣然地接受死亡。苏格拉底的这种心态，我们在之后的人类历史上也能找出许多。

例如那些战争时期的英雄明知自己会牺牲，但为了人民群众能过上幸福的生活，坚守自己的原则和思想，心甘情愿地奉献出自己的生命。人之所以能具备自己的原则和思想，是因为人具有灵魂。

为了自己的灵魂追求而付出生命的人，我们可以称之为伟人。我们之所以将他们视为伟人，是因为我们普遍认为精神上的灵魂比肉体上的性命更有价值。

而苏格拉底就是首次把这种想法系统化的人。他认为人最大的幸福就是满足自己的灵魂，即满足灵魂比满足肉体更有价值。

好看的外貌、更大更好的房子等肉体上、物质上的需求最终都会消失，更何况人在物质上的欲望是没有尽头的。

如今，现代人在衣食住行等方面比以往更加丰富，但若是说我们比2500年前的人更幸福，那也不见得就是确切的。

古人苏格拉底十分清楚自己是何种存在、自己为何而活及为何而死，但如今的我们尽管忙得脚不沾地，却有很多人不知自己究竟为何而活。

早在很久以前，苏格拉底就已经领悟到人对物质的欲望永无止境，人始终都不会感到满足的道理。正因如此，他才会强调人应该满足自己的精神需求，即满足自己的灵魂需求。

同样，正是因为苏格拉底最先系统地阐明了人该怎么活的问题，所以现代的人们才会依然敬重苏格拉底，将他视为学习的榜样。

希望大家也能通过这本书，认真思考“人是什么”“我是什么”的问题。

历史中的苏格拉底

	西方	苏格拉底	东方
公元前492年	希波战争爆发。		
公元前490年	希腊在马拉松战役中击溃波斯军队。		
公元前479年	希波战争结束。		孔子离世。
公元前478年	希腊的城邦以雅典为中心结成提洛同盟。		
公元前470年		苏格拉底在古希腊雅典诞生。  ▲苏格拉底	
公元前461年	引领雅典进入黄金时期的政治家伯里克利被选为雅典政府领导人。		
公元前453年	伯里克利▶		春秋时代，晋国分裂成韩、魏、赵三国。
公元前450年	罗马最早的成文法——“十二铜表法”。		
公元前432年		38岁左右时，参加巴尔干北部的波提狄亚战役并扬名，三年后回归。	
公元前431年	伯罗奔尼撒战争爆发。		

	西方	苏格拉底	东方
公元前430年			 ▲希腊雅典的卫城
公元前428年	柏拉图诞生。		
公元前419年		51岁时，与赞西佩结婚并生下三个儿子。	
公元前415年	在希腊的帮助下，埃及摆脱阿契美尼斯王朝的统治。		
公元前408年		62岁时，收柏拉图为弟子，之后一直传授其道德、伦理、政治等各方面的知识和经验。	
公元前406年	在阿吉努斯海战中，雅典海军歼灭斯巴达海军。	64岁时，被市民推选为议事会执行委员。	
公元前404年	伯罗奔尼撒战争以雅典战败而告终。三十人僭主政治出现。	 ▲《苏格拉底之死》| 大卫，1787年作	
公元前403年	雅典民主政治复燃。		战国时代开启。
公元前400年	斯巴达在小亚细亚与波斯帝国开启战争。		
公元前399年		71岁时，以不信仰国家之神、腐蚀青年为由，被告上法庭。最终，被判死刑，喝下毒酒而亡。	

QUIZ

苏格拉底被誉为“雅典的牛虻”。对大家来说，像“牛虻”一样的人还有谁呢？他对你们有益还是无益？为什么会这么想？

请写一写你的想法。

苏格拉底认为："无知即罪恶。"是指无知会让我们犯下恶行。大家觉得什么是"恶行"？

请写一写你的想法。

Important Message

认识自己即自知无知。

抄写一遍这句名言，思考一下它的含义。

无知即罪恶，知识即德行。

抄写一遍这句名言，思考一下它的含义。

Important Message

人应该摆脱肉体的束缚，前往灵魂的世界。

抄写一遍这句名言，思考一下它的含义。

文 | Goodwill 哲学研究所

Goodwill 哲学研究所创立于 2006 年 10 月。创立人员主要以哲学教育和研究经验丰富的教师为主。他们的宗旨是为小学、初高中生及一些哲学论述教育家们，提供关于创意性思考能力的优质教育内容。Goodwill 哲学研究所以专业的学问为基础，横跨人文和自然领域，致力于传播当今哲学和论述教育所需的整体性、综合性的知识。

※ Goodwill 意为善意，相信人性本善，所以在为每个人都能活出个人样而努力。

研究委员

金南寿（毕业于延世大学哲学专业、Goodwill 哲学研究所所长）

金东国（首尔大学美学硕士）

金彩林（首尔大学美学硕士）

李静雅（延世大学英国文学教师）

朴启浩（高丽大学教育学硕士）

夏金红（东国大学物理学硕士）

徐志英（中央大学德国文学博士）

韩正阳（江原大学韩语教育学硕士）

图 | 崔尚奎

曾荣获 LG 东亚国际漫画展、韩国出版美术家协会插画家大奖赛传统童话奖项，现活跃在卡通、漫画、插画等多个领域。

角色设定 | 刘南英

毕业于漫画专业，活跃在角色设计和插画领域，致力于给人们传播快乐、梦想及希望。

图字：01-2022-5699

图书在版编目（CIP）数据

像哲学家一样思考. 第一辑. 苏格拉底 / 韩国 Goodwill 哲学研究所编著；千日译. —北京：东方出版社，2023.3
ISBN 978-7-5207-2073-1

Ⅰ. ①像… Ⅱ. ①韩… ②千… Ⅲ. ①苏格拉底（Socrates 前 469- 前 399）—哲学思想—青少年读物 Ⅳ. ① B-49

中国版本图书馆 CIP 数据核字（2022）第 222941 号

像哲学家一样思考（第一辑）：苏格拉底
XIANG ZHEXUEJIA YIYANG SIKAO DI YI JI : SUGELADI
作　　者：［韩］Goodwill 哲学研究所
译　　者：千日

策划编辑：鲁艳芳
责任编辑：王晶晶
出　　版：東方出版社
发　　行：人民东方出版传媒有限公司
地　　址：北京市东城区朝阳门内大街 166 号
邮　　编：100010
印　　刷：天津图文方嘉印刷有限公司
版　　次：2023 年 3 月第 1 版
印　　次：2023 年 3 月北京第 1 次印刷
开　　本：880 毫米 ×1230 毫米　1/32
印　　张：3.75
字　　数：36 千字
书　　号：ISBN 978-7-5207-2073-1
定　　价：180.00 元（全 6 册）
发行电话：（010）85924663　85924644　85924641

世界是真实的吗

柏拉图

［韩］Goodwill 哲学研究所 / 编著

千日 / 译

人民东方出版传媒
People's Oriental Publishing & Media
東方出版社
The Oriental Press

目录

人生轨迹

贵族出身的哲学家——柏拉图

时代背景

混乱时期的古希腊

思想理念

真实世界和理想国家

名言名段

柏拉图的名言名段

时事关联

比外表更重要的是什么

“所有的事物都会变化，但其中却有不变的东西。变化中的不变——理念。”

6

在因接二连三的战争陷入混乱的古希腊

雅典，追求真理的哲学家青年——柏拉图，

受到苏格拉底的指点后，

他的哲学思想将为后世西方哲学的建立

和发展奠定基础。

柏拉图提出肉眼看不到却存在的、

永恒不变的理念世界；

由智慧的哲学家治理理想国等概念。

让我们进入柏拉图的哲学故事一探究竟吧。

人生轨迹

贵族出身的哲学家——柏拉图

雅典贵族出身的柏拉图聆听完苏格拉底的演讲后幡然醒悟，开始对哲学感兴趣。那么，是什么让他放弃自己的政治梦想，转而专心致志地研究哲学呢？

01

宽肩膀贵族

柏拉图（Platon）与苏格拉底、亚里士多德三人同为古希腊最具代表性的伟大哲学家。柏拉图是苏格拉底的弟子也是亚里士多德的老师，另外，他还把苏格拉底的故事记录了下来。

柏拉图公元前 428 年[①]出生于古希腊雅典。

① 公元前428年：一说柏拉图出生于公元前427年。

他出生时，伯罗奔尼撒战争已经爆发了三年。伯罗奔尼撒战争是古希腊各个城邦中以雅典为首的提洛同盟和以斯巴达为首的伯罗奔尼撒联盟之间的一场战争。这场战争中间几度停战，一直持续到公元前404年。柏拉图在成为青年之前，雅典一直处在战争之中。

希腊雅典帕特农神庙

帕特农神庙位于希腊雅典卫城的最高处石灰岩的山岗上，是古代雅典的中心。帕特农神庙建立于公元前5世纪，是供奉雅典主神雅典娜的最大神殿。

柏拉图的家庭属于雅典十分富裕的上流阶层。不仅如此，他的妈妈还是豪门贵族出身；他的亲戚当中也不乏一些著名的政治家。

柏拉图的原名叫亚里斯多克勒斯。“柏拉图”其实是他的外号，意为“宽阔”。据说，由于他的肩膀和额头异常宽阔，加上他从小就梦想成为一名强大的摔跤选手，所以人们才给他起了这样的外号。

也许是看出自己没有摔跤手的资质，柏拉图最终决定要成为一名诗人。后来有一天，一个偶然的机会，他遇到了苏格拉底。在了解到苏格拉底的思想后柏拉图大彻大悟，直接在众人面前烧掉了自己之前所写的全部诗文。

从那以后，柏拉图便开始埋头学习哲学。为了能够更加认真地学习，他甚至将住所搬到了黄金工艺师们整天“叮叮当当”打造首饰的工坊附近。据说，他这么做是为了在自己学习犯困时，用工艺师敲打黄金的声音将自己惊醒。可见，当时柏拉图学习哲学的热情有多么高涨。

伯罗奔尼撒战争结束后，雅典发生了一件惊天动地的大事，柏拉图的老师苏格拉底因不信城邦的神和蛊惑青年人的罪名被判处死刑。

伯罗奔尼撒战争结束后，雅典重组的傀儡政府犯下了很多惨绝人寰的罪行，而这个傀儡政府的领导人中有一位就是柏拉图的叔叔。

忍无可忍的雅典市民揭竿而起，推翻建立了九十天的傀儡政府，组建了新的民主政府，而苏格拉底就是被这个民主政府处死的。苏格拉底的死给柏拉图带来了很大的冲击，使得他对政治产生了不满的情绪。

虽然被指出的罪名有很多，但真正导致苏格拉底被指控，甚至判处死刑的其实是政治方面的原因。苏格拉底一直被人们怀疑在混乱时期曾煽动雅典的年轻人，并向斯巴达泄露军事机密。

他被人怀疑也是有原因的。因为苏格拉底的学生中有一个叫亚西比德[①]的人，而他是伯罗奔尼撒战争时雅典的军事总指挥。但让人没想到的是，亚西比德最终叛逃到雅典的敌国——斯巴达。而这件事情让他的老师——苏格拉底

---

① 亚西比德（公元前450—公元前404）：古希腊雅典政治家、军人。他拥有出色的外表和卓越的指挥才能，却背叛了自己的国家，导致雅典在伯罗奔尼撒战争中败北。

也受到了人们的猜疑。

柏拉图出身豪门贵族，加上政界有很多亲朋好友，所以他本人起初也对政治很感兴趣，但苏格拉底之死让他对政治心灰意冷，于是开始一心一意钻研哲学。

苏格拉底去世后，柏拉图离开自己的故乡雅典，过上了四处漂泊的生活。当时的柏拉图正好 29 岁。

02

离开雅典，前往西西里

柏拉图在离开雅典时曾说道：“真正的统治者应该是哲学王，即要么是哲学家成为王，要么是君王自己变成哲学家。”后来，柏拉图主张应该由哲学家成为国家的统治者。

柏拉图曾游历埃及、意大利等地区，四十岁左右的时候，他到了意大利南部和西西里，并在那里遇到了一些对他的人生产生极大影响的人。他们分别是毕达哥拉斯学派的学者们，以及在西西里的叙拉古遇到的一个名叫狄翁的年轻人。

狄翁是柏拉图的狂热支持者，通过狄翁，柏拉图最终成为叙拉古的统治者狄奥尼修一世的老师。

柏拉图认为可以通过狄奥尼修一世实现自己的政治理念。然而这位国王并不是一个聪明的学生，他曾因柏拉图训斥他而要将其处死。最终柏拉图虽然免除了死刑，但还是被贬为了奴隶。幸运的是，有人帮他赎身，让他得以逃离西西里。

之后柏拉图还曾两次访问过西西里，但那里的政治始终混乱不堪，以致有一次差点儿没能活着回到雅典。在经历了这番曲折之后，柏拉图彻底对政治失去了兴趣。

趣味小常识

毕达哥拉斯和毕达哥拉斯学派

毕达哥拉斯（Pythagoras）是活跃于公元前 6 世纪左右的古希腊哲学家、数学家。

他对数学很感兴趣，主张“数是万物之源”。他发现了“毕达哥拉斯定理”，为人类文明的发展做出了极大的贡献。

毕达哥拉斯学派是继承毕达哥拉斯哲学精神的人们建立的学派，不仅是研究团体，还是宗教团体。毕达哥拉斯学派在数学、几何学、天文学、音乐理论等方面留下了很多伟大业绩。

毕达哥拉斯学派相信灵魂不朽和伦理，与毕达哥拉斯一样认为数是万物的本源。另外，他们还认为宇宙是由有限的奇数与无限的偶数关系构成的美的、和谐的世界，因此他们称宇宙为“cosmos”，即“秩序”。

毕达哥拉斯学派对包括柏拉图在内的哲学家们产生了极大的影响。

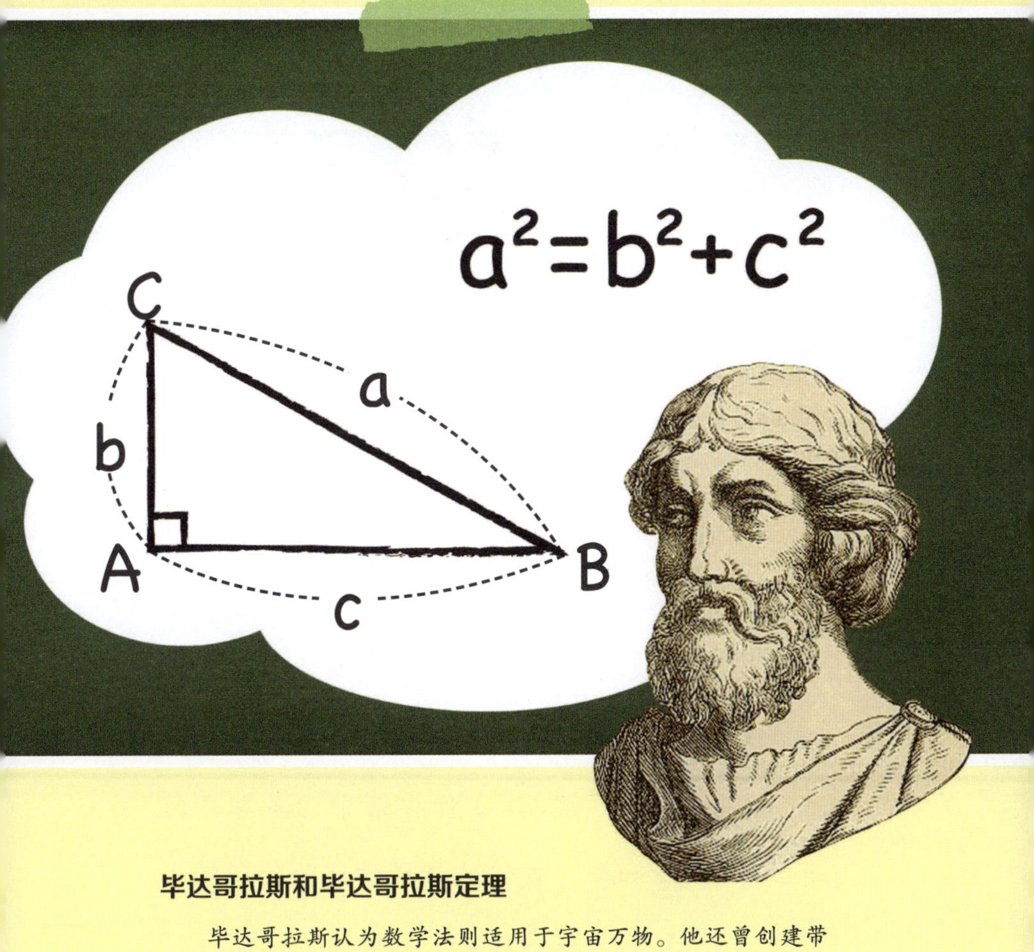

毕达哥拉斯和毕达哥拉斯定理

毕达哥拉斯认为数学法则适用于宇宙万物。他还曾创建带有研究性质和宗教性质的团体并开坛授课。

03

建立阿卡德米学院

大约四十三岁时，柏拉图结束漂泊生活，回到了雅典，他所做的第一件事情就是建立学校。这所学校就是著名的阿卡德米学院，也是欧洲第一所大学。

“阿卡德米”取自希腊神话中的英雄“阿卡德摩斯”。如今，我们进行科学试验的研究机构——Academy（阿卡德米）也来源于此。

当时，阿卡德米学院聚集了大量地中海沿

岸博学多才的人，形成了一个庞大的学者集团。他们会通过对话方式给别人授课，而授课内容包罗万象，除了最基本的哲学、几何学、数学、天文学之外，还包含科学、体育等其他学科。

阿卡德米学院不仅是学者们授课和进行讨论的场所，还是当时的科学家和哲学家相聚一堂的国际学术交流中心。柏拉图生前一直在这里开展研究和演讲，死后也葬于此地。即使柏拉图去世后，阿卡德米学院也维持了很长一段时间。

柏拉图一生留下大概35篇作品。由于这些作品都采用的是对话形式，所以也被称为“对话篇”。柏拉图的作品内容都是他的老师苏格拉底与别人的谈话。

苏格拉底认为“对话”是获得知识的途径，而作为他弟子的柏拉图也采用对话形式撰写了自己的作品。有趣的是，柏拉图本人却从未出现在自己的作品中。

柏拉图的作品对于研究柏拉图的人来说是非常令人头痛的东西。因为人们很难分辨书中的内容究竟是苏格拉底的想法，还是柏拉图想要借助苏格拉底之口来表达的想法。

书中的内容虽然以苏格拉底的话为主，但人们推测其中也包含很多柏拉图本人的想法。另外，据说越是后面完成的作品就承载着越多柏拉图本人的想法。

有趣的是，当时的人们在讨论哲学话题时往往不分场合和时间，甚至在参加宴会吃喝玩乐时也会进行讨论。值得一提的是，当时的重活都是由奴隶来干的。正是因为有了奴隶的存在，市民们才能在闲暇之余进行思考和讨论，从而使哲学得到发展。

有一位叫阿伽松的诗人在家中举办了一场宴会，而柏拉图的《会饮篇》便记录了当时宴客们的对话内容。

《会饮篇》中还记载了一个有趣的故事。传闻古时，除了男人和女人之外，还存在着一种男女同体的人。他们有两个头、两个身子，以及四条手臂和腿。因为拥有两个头的人太过聪明，会冒犯神灵。有一天，宙斯神降下神罚，将他们分成了男人和女人。从那以后，人们便开始不断地寻找自己失去的另一半，而这也是男人和女人会“相爱”的原因。

知识要点

- 柏拉图出生于古希腊雅典的贵族家庭。起初他对政治很感兴趣，但自从遇到苏格拉底之后转而开始关注哲学。
- 柏拉图在雅典附近建立了阿卡德米学院，在学院开展各种研究和演讲活动。由于柏拉图所写的作品内容均采用对话形式，所以也被称作“对话篇”。

时代背景

混乱时期的古希腊

在希波战争中胜利后，古希腊的发展进入黄金时期。然而没过多久，雅典和斯巴达之间又爆发了战争。残酷的战争又会给柏拉图的思想带来何种影响呢？

人生
时代
思想
名言
时事

01

伯罗奔尼撒战争和雅典的衰落

古时候的希腊并非像现在一样是一个统一的国家，而是由多个小国组成。由于这些小国的面积只有现在一个城市的大小，所以人们也称它们为“城邦”。

在当时的古希腊，有多达数百个城邦，但其中比较著名和有影响力的只有两个，它们是

雅典领导人——伯里克利（公元前 495—公元前 429）

带领雅典进入黄金时期的杰出领导人。他不仅引导提洛同盟促进希腊的发展，还建造了帕特农神庙。

雅典和斯巴达。

当时，希腊东边的波斯王国逐渐势大，先后占领埃及和美索不达米亚地区，形成了一个庞大的帝国。

后来波斯帝国又将目光转向地中海附近的希腊，从而引发了希波战争。以雅典为首的希腊众多城邦结成同盟抵御波斯帝国的入侵，奇迹般地取得了胜利。

在希波战争中胜利后，希腊的各个城邦都迎来了全盛时期，而雅典则是它们当中最繁华耀眼的。

当时雅典的领导人伯里克利是一个十分睿智和富有爱国心的人。他不仅为雅典打下民主主义的发展基础，还引导雅典成为希腊的政治、文化中心。起初以雅典为首的周边城邦组成了提洛同盟，随着雅典的影响力逐渐增大，很多同盟国甚至成了雅典的附属城邦。

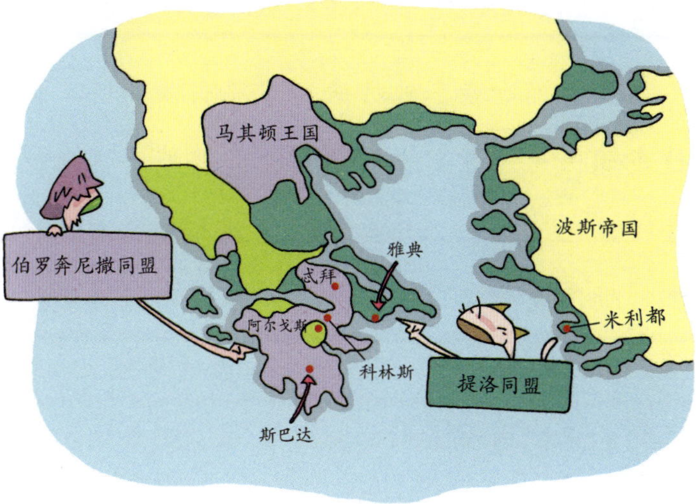

而这样的情况招来希腊另一个强大城邦——斯巴达的不满，因此以斯巴达为首的城邦也组成了伯罗奔尼撒同盟，就希腊地区的领导权问题，与雅典展开竞争。

正当此时，雅典地区爆发传染病，导致很多人死亡，就连伯里克利也没能幸免。没有了睿智的领导人，雅典就开始压迫周边的城邦。忍无可忍的周边城邦开始在斯巴达的引导下与提洛同盟展开战争，就是著名的伯罗奔尼撒战争。

最初的十年，双方经历了无数次战斗。在这期间，为了重新染指古希腊，波斯帝国不仅给予斯巴达金钱上的支援，还雇人在雅典传播不利的消息以煽动民心。这些人肆意散播民主主义不好的言论，同时制造各种暴力事件。

后来随着雅典的总指挥官——亚西比德叛逃到斯巴达，雅典的局势变得雪上加霜。作为苏格拉底的弟子和伯里克利的侄子，亚西比德因亵渎神灵被驱逐，加上政治上受到迫害，最终选择流亡到斯巴达。而雅典在没有总指挥的情况下盲目地与斯巴达战斗，最终惨败。

公元前 404 年，雅典无条件接受斯巴达的所有要求，宣布投降。作为战败的一方，雅典不得不放弃所有海外资产，同时摧毁无数具有战略意义的要塞和城墙。

战败使雅典一度濒临崩溃，同时政治上也

受到斯巴达的干涉。

斯巴达在雅典建立的傀儡政府（僭主政治）残暴不仁，甚至制造了杀害1500多人的惨案。忍无可忍的雅典民众揭竿而起，推翻傀儡政府，建立了属于自己的民主政权，但雅典早已无法重现昔日的和平景象。

柏拉图在目睹战争的惨状和雅典的败北之后受到极大的冲击。而当时的经历对他日后的哲学观产生了很大的影响。

趣味小常识

庞大的帝国——波斯

波斯帝国于公元前 559 年由居鲁士二世建立。它的位置就是如今的伊朗。

公元前 525 年，波斯帝国不仅统一了西亚，到了大流士一世时期，还占领了西至地中海沿岸、东至印度西北部地区的庞大领土和众多民族。

大流士一世在这片广阔领土的中心地区建立首都——波斯波利斯，带领波斯帝国到达鼎盛时期。不过大流士一世并没有满足于此，而是试图不断地向周边国家扩张。于是，长达数十年的希波战争爆发了。

继大流士一世之后，他的儿子——薛西斯一世几度攻打希腊，但都以失败告终。很多年后，波斯帝国遭到马其顿王国征服而灭亡。

波斯帝国的首都——波斯波利斯

大流士一世建立的波斯帝国的首都，如今只剩下华丽的遗迹，仿佛在述说着波斯帝国鼎盛时期的辉煌。

02

寻找永恒真理的心

在目睹了战争的残酷之后，柏拉图变得更加热衷于学习哲学。求知欲很强的柏拉图从包括老师苏格拉底在内的众多哲学家身上受到了很大的启发。

文化发达的雅典能够出现苏格拉底、柏拉图等伟大的哲学家绝非偶然。可以说生活的时代和地区会对哲学家们产生极大的影响。

此外，还有一个因素能对哲学家产生影响，即其他哲学家的思想。因为哲学家们会通过不断反对和认可其他哲学家的思想来发展自己的思想。

说到对柏拉图产生影响的哲学家，就不得不提毕达哥拉斯。古代的学术不像现在这样分为多个领域，所以当时存在很多像毕达哥拉斯一样既是哲学家同时又有科学家、数学家身份的学者。

数是万物的本源——毕达哥拉斯

从很久以前开始，哲学家们就开始思考世界是由什么构成的。

泰勒斯主张水是万物之源；阿那克西美尼主张气体是万物之源；德谟克利特则认为万物是由肉眼看不到的原子组成的。

要知道，德谟克利特不是通过实验，而是

“万物的本源是……”

万物皆由水构成！万……雾！
我，泰勒斯。
我，阿那克西美尼。
好吵！
100
不，它是由气体构成的。
它是由肉眼看不见的原子构成的。
不不，它是由数构成的。
我，德谟克利特。
我，毕达哥拉斯。

全靠凭空想象提出这一主张的。考虑到当时不像现在这样科学发达，没有显微镜等高性能实验仪器，我们不得不承认这是一个十分惊人的设想。

泰勒斯、阿那克西美尼、德谟克利特的主张都有一个共同点，即他们均主张世界由某种“物质”构成。唯一的区别在于他们各自主张的“物质”是不同的。

不同于他们，毕达哥拉斯认为“万物皆数”。即毕达哥拉斯思考的是“万物是如何构成的”的问题，而并非其他哲学家思考的“万物是由什么构成”的问题。

毕达哥拉斯的主张之所以与众不同是因为他提出了世上除了我们肉眼可以看见的东西，还存在其他肉眼看不到的重要存在。

毕达哥拉斯认为世上的一切都能用肉眼看

不到的数来表示。例如，他发现不同的音高可以用不同的数来表示，从而演奏出和谐的声音。

继承毕达哥拉斯思想的毕达哥拉斯学派主张这种和谐不仅存在于音乐中，还存在于宇宙中。即他们主张和谐的宇宙也可以用数来表示。

例如，在制作椅子之前，需要先考虑好椅子的样式、尺寸等。而这时，就可以用数来表示椅子的样式和大小，因此制作椅子的过程即是数。

即使对象是苹果也是如此。在数大小不同的三个苹果时，我们不能将最大的苹果数为一个，而将比它小一点儿的苹果数为四分之三个。

无论是大苹果，还是比它小的苹果，均是一个。因为即使形状和大小存在差异，它们也都是完整的苹果。要知道世上并不存在完全相同的苹果。因为哪怕是长得再像的苹果，它们也存在不同之处。

想要数苹果，我们就必须忽略苹果的颜色、形状、重量等特征，即我们得忽略苹果具体的形态。只有这样，我们才能“论个”来数苹果。一个、两个之类的数中并不包含每个苹果的特征。也就是说，即使对象的状态发生变化，代表它的数也不会受到影响。

换句话说，在数某物的数量时，我们要忽略肉眼可以看得到的特征。就像数苹果时，我们是不会考虑它是否是红色、是否新鲜等问题一样。

正如我们所见，毕达哥拉斯显然很清楚数

学所研究的正是一切事物中不变的某种规律。

毕达哥拉斯的数学思想对柏拉图产生了很大的影响。柏拉图不仅对每一件事物进行思考并加以说明，还认为所有事物中都存在某种不变的东西。

毕达哥拉斯将数学视为不受现实污染的纯粹的学问。对于他来说，研究数学意味着摆脱物质世界的肮脏和混乱，从而进入纯粹的世界。

毕达哥拉斯生活在意大利南部一个名叫克劳东的地方。他的周边聚集着很多弟子，传闻毕达哥拉斯对自己的弟子十分严格。

在他看来，“真正的知识”是肉眼看不到的。例如，涉及世间万物的数学便是如此。因为人们眼中的世界会随时变化，但肉眼看不到的世界却是只存在于脑海中的、永恒不变的世界。毕达哥拉斯十分重视这种“不变的事物”，而这与日后柏拉图提出的理念十分相似。

聚集在毕达哥拉斯周边的哲学家们形成了一个共同体，柏拉图看到这种情况后便认为哲学家才是政治家的最佳人选。这种思想对柏拉图日后创作《理想国》也产生了很大的影响。

思考变化的赫拉克利特

当时的哲学家们普遍认为，与眼睛看到的经常变化的世界不同，眼睛看不见的世界是不变的。

但也不是所有的哲学家都认为不变比变化更重要。其典型的哲学家便是主张“万物流变”理论的赫拉克利特。这里的“流”指的并不是流水等流动，而是指万物会随着时间的流逝发生变化。

赫拉克利特主张万物并非永恒不变，而是会不断变化、诞生和消失。根据他的思想，这个世界并非由神或人创造，这个世界是时而燃烧时而熄灭的永恒的“活火”。

这里的“活火”并不是指的真正的火焰，而是指物质永远运动的规律。我们知道火在燃烧时，火焰会不断晃动，而赫拉克利特所指的便是物质的这种运动，他认为这个世界会像晃动的火焰一样不断发展和变化。

赫拉克利特还有一句名言：“人不能两次走进同一条河流。”意思是说河水是不断流动的，所以人两次进入河流时接触到的河水并不是相同的水。例如，我们早晨在上游接触到的水，到了傍晚就会流到了下游。

正如我们所见，假如世间的一切都在不断变化、发展，世界上就不存在永恒不变的东西。因此那些哲学家当中所谓的智者①们才会主张世上不存在永远不变的真理。

不同于智者，赫拉克利特认为即使是在这

① 智者（Sophist）：公元前5世纪到公元前4世纪左右，在希腊的雅典等地区，专门收徒传授说服别人的知识或辩论技巧为生的人。后来他们为了利益玩弄似是而非的智慧，所以也被称为“诡辩者”。

些变化中也存在某些不变的东西。

他所说的“某些不变的东西”是指“火”的特征。例如，火始终会以某些东西为燃料进行燃烧，同时在燃烧的过程中，将燃烧的对象转化为自己，即转化为火，而这就是火的特征。

赫拉克利特认为万物的变化也具有这样的某种特征，因此他坚信虽然世界上的一切都在不断变化，但其中却存在一些不变的东西。

受到赫拉克利特的影响，柏拉图也认为万物中存在某种不变的东西。

强调真理重要性的苏格拉底

虽然毕达哥拉斯和赫拉克利特对柏拉图产生了很大的影响，但对他影响最大的还是他的老师——苏格拉底。

柏拉图虽然是雅典的年轻贵族，却心甘情愿拜当时身为平民的苏格拉底为师。

苏格拉底之前的哲学家们主要研究的是“宇宙和自然是如何形成、运转”的问题。他们被称为“自然哲学家”。

但在苏格拉底之后，人们将目光从自然转

移到人的身上。苏格拉底认为相较于研究自然现象，人更应该思考自己该怎么活。

对于“人该怎么活”的问题，当时的哲学家们认为人应该活得快乐和幸福。智者们很重视功名利禄，所以喜欢钻研在辩论中获胜的方法。而苏格拉底则更重视“知”的过程，即他更重视了解正确的真理。

苏格拉底主要通过问答的方式对真理进行探索。他不会为了寻求答案而提问，而是会采用这种方法让人们认识到自己的无知。

不过雅典人并不喜欢苏格拉底这种让人认识到自己无知的方法。毕竟这个过程会让自己很无知的事实被众人知晓，所以人们不喜欢苏格拉底也是情理之中的事情。

追随苏格拉底的人则称这样的苏格拉底为“助产师”。助产师是指帮助孕妇生产孩子的人。

由于苏格拉底能帮助人们“醒悟”，所以人们才会这样称呼他。

不同于苏格拉底，智者们认为每个人判定道德或自由等真理的标准都不同，所以没有任何事情是永远正确的。他们还主张与其争论这些，不如认真学习说服别人的技术，从而在选

举中脱颖而出或在判决中取得胜利。

而苏格拉底则主张真理必然存在，所以不要轻易断定自己的想法是正确的，要保持对所有问题持有疑问的态度。

另外，他认为研究哲学的真正目的在于发现真理，所以在争辩中获胜并不是一件很重要的事情。

当时受到智者的影响，雅典的年轻人普遍自私、追求功利，而受到苏格拉底教导的柏拉图则对智者们的行为感到十分不齿。

为了矫正年轻人的思想，柏拉图做了很多努力。另外，他还决心确立正确、可靠的哲学理论，好让那些智者无言以对。

知识要点

- 柏拉图所生活的古希腊由雅典、斯巴达等众多城邦组成。在经历希波战争和伯罗奔尼撒战争之后，雅典逐渐走向衰弱。
- 受到苏格拉底、毕达哥拉斯、赫拉克利特等哲学家的影响，柏拉图提出有关永恒不变的事物的思想——“理念论”。

思想理念

真实世界和理想国家

柏拉图主张我们所生活的现实世界是真实世界——理念世界的摹本。那么他所说的由智慧的哲学家治理的国家——最理想的国家究竟是什么呢?

人生
时代
思想
名言
时事

01

洞穴外的真实世界——理念世界

永恒不变的东西——理念

如果给人们出示彩色铅笔，再问他们是什么，他们肯定会回答说是彩色铅笔。但作为哲学家，哪怕是别人认为理所当然的事情，他们也要询问为什么。

假如有人询问柏拉图："彩色铅笔为什么是彩色铅笔?"他也许会回答说："它之所以是彩色

铅笔，是因为它是彩色铅笔理念的影子。”“理念（Idea）”是柏拉图哲学的核心思想，不过我们无法简单地概括出理念是什么。

之前我们说过赫拉克利特曾表示世间万物都在变化，但并非所有的哲学家都认同他的观点。比如，一位名叫巴门尼德的哲学家就提出了不同的观点，他认为世间的一切都是永恒不变的，而所谓的变化只是一种幻想。在他看来，人们都生活在幻想中，仿佛戴着有色眼镜，眼中看到的皆是不同于真实世界的有色世界。

可见当时的哲学界分为“世界会变化”和“世界永恒不变”两种不同的意见。对此柏拉图表示：“所有的事物都在变化，但其中却存在一些不变的东西。”不仅如此，他还解释了“不变的东西”的概念及它与变化的事物之间的关系。他认为变化的事物中存在的不变的东西就是理念。

假设我们家中的电脑出了故障。这时，我们首先要做的就是拨打客服电话进行报修，而客服中心会委派修理工过来修理电脑。当修理工来到家里后，他肯定会拆开电脑仔细检查，看看哪里出了故障需要修理。

修理工肯定清楚一台正常运转的电脑应该是什么样子，所以修理电脑的过程就是照着没有故障的电脑本来的样子进行“恢复”而已。毕竟没有把握修好就拆电脑并不合理。那么，在柏拉图看来，这种完整的、本来的形态便是“理念”。

事实上，英文中的“思想”一词也是源于“理念”。思想指的是“事物本来应该有的思维”。

柏拉图提出的理念与其说是事物没有遭到损坏的形态或全新的形态，倒不如说是事物“完整”的形态。例如，在现实中，我们根本无法画出等边三角形，因为等边三角形三条边的长度要相等。

乍一想，我们会觉得只要有一把尺子，很容易就能画出等边三角形，但事实是，即使用再好的铅笔和再精准的尺子，我们也无法画出三条长度相等的边。哪怕三条边看起来一样长，但只要用电子显微镜察看，必然会发现它们的长度存在一些差异。

尽管我们无法画出正确的等边三角形，但我们很清楚什么是等边三角形，那就是等边三角形的理念。

所以柏拉图认为，现实世界的所有事物都是该事物的理念的模型。尽管事物与它的理念存在一些差别，但由于人们知晓这件事物的理念是什么，所以才会知道这件事物是什么。

简单来说就是这种情况：咦？这个三角形的三条边长怎么都不一样？不过既然是等边三

角形理念的模型，我们不如就叫它等边三角形好了。因此，就算人们每次画出来的等边三角形的大小和形状存在一些差别，但它的理念是不会发生变化的。

我们不妨举一个大家都喜欢的宠物犬的例子吧。对于人们来说，卷毛的贵宾犬很可爱；鼻子扁扁的西施犬很可爱；淘气的可卡犬也很可爱。尽管这些宠物犬的外形和种类都不相同，但每个人在看到它们的瞬间都会想到："啊，是小狗！哈，真可爱！"

即使是拥有不同的外形，人们也清楚它们都是狗。因为人们很清楚狗的理念是什么样子，同时也清楚这种动物是狗的理念影子的事实。

柏拉图认为世上的所有事物都存在理念，不只是物品，但凡人们能够感受到的事物都是如此。人的感觉可以分为嗅觉、视觉、听觉、触觉、味觉，因此人能够感受到的气味、形状和颜色、声音、坚硬或柔软的手感、味道等也存在它们的理念。

同样，我们感受到的情感也拥有理念，美、诚实、爱等情感也拥有理念。正是因为人们知晓美的理念，所以当他们看到某些人或风景时才会心生美或不美的感触。

而这种“变化中存在的不变的东西”便是理念。理念可以说是世间万物所具有的“原型”。

柏拉图认为，人之所以知晓肉眼看不到的理念，是因为人拥有灵魂。他认为，灵魂是人的理念，人正是因为拥有灵魂，所以才能知晓其他事物的理念。

现实是理念的摹本

现实中的三角形种类和数量多得数不胜数。无论是在数学课本中，还是在三角尺上，又或是在日常事物的外观中，我们都能看到三角形的影子。而我们之所以能够称呼它们为三角形，是因为它们都是根据三角形的理念仿造出来的模型。

从这个角度来说，理念看似是一种不存在于现实中的完美“原本”。但柏拉图认为理念是确实存在的。

柏拉图认为人们能看得到的现象——现实世界的背后，存在一个完全由理念构成的世界——理念世界。另外，他还表示只有理念世界才是永恒不变的真实世界。

我们可以以圆形为例来理解柏拉图的思想。在现实世界中，圆形也跟三角形一样多得数不胜数，但圆形的理念只有一个。即现实中的圆形只是圆形理念的摹本。

人们周围的一切，包括用眼睛看到的、用手摸到的、用鼻子闻到的事物皆是每时每刻都在变化的东西。换言之，人可以通过感觉感受

到的事物绝不是永恒不变的，因为它们都是完整的理念在现实世界的影子。

按照柏拉图的观点，只有理念是永恒不变和完整的。即理念才是原本，而存在于现实世界中的则都是理念的摹本。

然而摹本复制得再好，也无法跟原本相比较，由于跟原本存在差距，所以摹本是不完整的。

所以按照柏拉图的观念，人所生活的现实世界皆由不完整的事物构成。这样的世界无论怎么努力也无法成为理念的世界，可以说它天生就注定无法与理念世界相媲美。

像太阳一样的善理念

理念也分种类。不过这并非柏拉图本人划分的，而是日后研究柏拉图思想的人们根据他的作品《理想国》中的内容将理念划分为四种。

第一种是事物的理念。就像之前所说的电脑等物品的理念。

第二种是像三角形和四边形的理念一样的数学理念。

第三种是有关道德和美的理念。在看到花草或艺术品时，我们时常会说很美；在看到行善之人的感人举动时，我们也会说很美。可事实上，虽然花的美可以用眼睛看到，但心灵的美却无法用眼睛看到，所以从某种角度来说，它们是两种不同的存在。然而我们依然会说它们都很美，因为所谓的美并非在于花或人的行为上，而是在于理念。

第四种是关于好的理念，即有关善的理念。善理念可以说是所有理念中最突出的一种。为什么这么说呢？因为在思考理念的时候，我们不光要思考它是关于什么的理念，还要思考它是好的理念还是坏的理念。

在分辨理念的好坏之前，我们要先了解什么是“最好的”。即我们要确定一个判断标准。正因如此，我们才会认为善理念是最突出的一种理念。

按照柏拉图的说法，善理念就好比太阳。太阳能够照亮包括地球在内的所有太阳系行星，而地球只是围绕太阳旋转的行星之一。假如没有太阳，地球将成为没有光亮的漆黑星球，生物将全部灭绝；同样，善理念也在“照亮”其他理念，正是因为有了善理念，其他理念才能存在。

如何认识理念

我们之所以知道三角形是三角形，是因为我们认识三角形的理念。那人是如何认识到理念的呢？

柏拉图认为认识理念有四个阶段：第一阶段是猜想（想象）；第二阶段是信念（相信）；第三阶段是理性（知识）；最后一个阶段是理智（智慧）。

最初的阶段——猜想，可以分为想象和偏见。假如某个人指着别人说：“他的个子矮，所以可能有点儿小心眼，学习也不好。”这是一种毫无根据的偏见。因为身高与性格、学习没有任何关联。

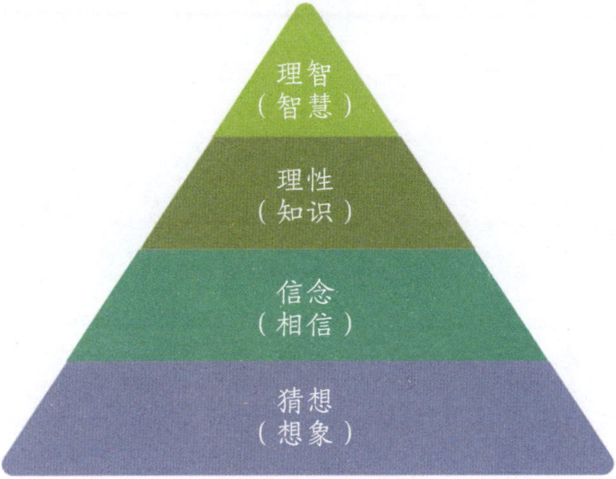

认识理念的阶段

另外，不经过深思熟虑就作出判断和根据心情作出判断的行为也是猜想。生活中，我们往往只凭对方的外貌就发表“他看起来很善良”或“我见过一次，觉得很不错”等评论。但对方是否善良，只凭外貌是无法作出判断的。

第二阶段的信念不同于猜想，需要有判断的根据。即信念需要以多次发生过的事情为根据进行判断。

例如，古希腊的某个医生利用药草给病人治病。医生会根据自己以往的经验，判断治疗这种疾病需要用到某种药草。这就是信念。

但信念不一定每次都准确。例如，医生以为是腹痛，所以开了腹痛药，但最终发现是阑尾炎，这类事情也不是没有发生过，因此个人的经验不见得永远正确。信念跟猜想一样，都是根据自己的经验作出判断，所以只凭信念无法认识到任何理念。

在面对新事物时，信念也不一定能对人的判断提供帮助。这就跟医生使用药草的经验和判断，在面对新的疾病时就会变得毫无用处是一样的道理。

第三、第四阶段的理性和理智不同于第一、第二阶段的猜想和信念，是一种能够认识理念的方法。理性和理智的区别在于“思考范围大小”。

理性是指认识一个对象的理念。例如数学家罗列各种图形，研究什么是完整的三角形，从而最终认识三角形的理念。

但这种理念并不是独立的，而是相互关联的。超出只认识一个理念的状态，认识到多个理念的整体性，这便是从理性过渡到理智的过程。这种过程就像是从众多理念中认识到如同太阳一般的善理念一样，是一种获得真理的过程。

柏拉图认为人在出生前就已认识理念，但会随着出生忘记它们。

有些人认为在现实世界中的经历会刺激灵魂，从而使其回想起诞生之前所知道的理念。

这个过程就叫回忆[①]。

柏拉图认为通过教育回忆理念是可行的。人如果放任不管就不会磨炼自己的精神，所以柏拉图十分重视教育。为了帮助人们认识理念，他还将一些聪明的年轻人聚集到一起，传授他们数学、几何学、天文学等知识。因为在他看来，这些学问涉及的并不是看得到的事物，而是在研究理念。

人是被关在洞穴里的囚犯

不少人都对柏拉图的主张持反对意见。他们觉得如果理念确实存在，那无论是受过教育的人还是没有受过教育的人都应该看得到它。

对此，柏拉图用“洞喻”来进行回答。他

① 回忆：柏拉图认为，人的灵魂回顾之前所知的理念，从而认识到理念。这种人的灵魂认识真理——理念的过程，便是回忆。

《雅典学院》中的一部分 | 拉斐尔，1510—1511 年作

左侧的柏拉图一只手夹着《蒂迈欧篇》，另一只手的食指像指着理念世界一样指着天空。右侧的亚里士多德则一手拿着《伦理学》，用另一只手的手掌压向地面，仿佛在解释现实世界的概念。

认为人就像被囚禁在洞穴里，所以对洞穴外的世界一无所知。

设想在一个地穴中有一批囚徒，他们从小待在那里，被锁链束缚，不能转头，只能看面前洞壁上的影子。

在他们的后上方有一堆火和一条横贯洞穴的小道；沿小道筑有一堵矮墙，如同表演木偶戏用的屏风。

有一些特定的人，扛着各种事物走过墙后的小道，而火光则把透出墙的事物投影到囚徒面前的洞壁上。囚徒自然地认为影子是唯一真实的事物。

——摘自《理想国》

这里有一群被囚禁在洞穴里的罪犯。他们

被锁链束缚住，从未看过洞穴外的风景，只能一动不动地看着面前的洞壁。

在他们的身后有一堆篝火。假如有人从篝火旁经过，人的影子就会投影到洞壁上，若是那个人手持着东西，东西的影子也会投影到洞壁上。囚犯能看到的唯有洞壁上的影子。由于囚犯们从未见过其他人或其他东西，所以会认为影子就是全部。

在柏拉图看来，人就像被囚禁在洞穴用锁链锁住的囚犯一样——在这个现实世界中，眼中所见的、信以为真的也不过是理念世界的投影而已。

若是这些囚犯中的一人在偶然的机会解开锁链，来到洞穴之外会怎么样呢？他或许会很惊讶，但绝不会说：“哇，原来外面的世界是这样的啊！原来我之前看到的都是影子啊！现在我总算明白哪个是真正的世界了！”

也许他的感觉跟长时间在电影院观看电影后走到外面呼吸新鲜空气的情景很相似，即会被耀眼的阳光刺得睁不开眼。当平生被困于洞穴的人突然走到洞穴外时，他同样会被强光刺激得睁不开眼睛。

这里所说的洞穴外的世界指的是理念世界。而头一次直面理念的人很可能意识不到那是什么，甚至有可能因刺眼而睁不开眼睛。毕竟一直生活在洞穴中，看到的也仅仅是一些影子，所以他根本无法分辨自己看到的究竟是幻象还是理念。

想要适应白天的强光，就需要提前在昏暗的凌晨或傍晚时分等有弱光的环境下适应一段时间。只有经过这样的锻炼，人才能渐渐看见反射着阳光的物品，进而可以看见太阳。

如果看到洞穴外情景的人重新回到洞穴中，将这一切告知里面的人，他们也不见得相信那个人的话。因为这些事情听起来太过离奇，而且对方也无法证明这一点，甚至他们还有可能反过来嘲讽对方在撒谎。

即使那个人为了证明自己没有说谎，拉着囚犯们来到洞穴外，结果说不定也是适得其反。因为被阳光刺激得直流眼泪的人们极有可能会认为对方是要害自己。

但即便这样，第一个走出洞穴的人也无法做到放任其他被困于洞穴中的人生活在只有影子的世界里而不管。他肯定会想方设法将洞穴里面的人带出来，让他们了解耀眼的太阳和真正的世界。

哲学家所做的事情便是这些。柏拉图认为哲学家有责任引导无知的人们走到洞穴外，进入光明的理念世界。

02

由哲学家治理的国家

柏拉图年轻时对政治十分感兴趣。当时雅典的政治环境和社会环境十分混乱，所以他觉得有必要扭转这种局面。

在目睹斯巴达推选出来的傀儡政府贪赃枉法、无恶不作的场景后，柏拉图开始认真思考国家应该真正为民众做的事情是什么。

另外，当时雅典引以为傲的民主制也逐渐

衰落。更令柏拉图没想到的是举报苏格拉底并判他有罪，以及处死他的居然不是斯巴达建立的傀儡政府，而是当时的民众推翻傀儡政府后建立的新政府。在经历了这件事情后，柏拉图对民主制彻底失去了信心。

在当时的雅典，只要是成年男性，都可以参加政治活动。即使不是政治领导人，也能参加民会等决策会议，一些口才好的人，只要发表一次演讲，说不定就能左右民会。

另外，当时的官员选拔不仅靠选举，有时

还会靠抽签来决定，所以即使是愚笨的人，只要运气足够好，也有可能成为官员。

在柏拉图看来，这种制度会让没有资格和能力的人在治理国家时为所欲为。毕竟当时的雅典社会环境十分混乱，加上很多官员都损公肥私，所以柏拉图这么想也情有可原。

总之，柏拉图认为国家理应靠哲学家来治理。抱着这样的想法，柏拉图创作了一部作品——《理想国》。

我们往往把在某个领域，专业知识丰富或经验丰富的人称为“专家”。而社会各个领域都需要这样的专家。

在柏拉图看来，治理国家也是如此。即他认为需要由专家来治国。另外，柏拉图认为神创造人时就已经将人类分成三六九等，因此他提出了以下主张。

他们虽然彼此都是兄弟，但是神创造

他们的时候，在统治者身上加入了黄金；在辅助者——战士身上加入了白银；在农民以及其他技工身上加入了铁和铜。人们通常情况下会生出像自己的子孙，有时却不免出现金父生银子，银父生金子的情况。所以神给统治者最重要的命令就是要他们注意后代的灵魂中含有哪一种金属。如果子孙的身上混入了一些废铜烂铁，统治者们决不能姑息，应当把这些子孙安置到农民、工人中去；如果在农民、工人的后辈中发现含有金、银的人，统治者们就要重视他，给予他统治者或战士的地位。须知，神谕曾经说过“铜铁当道，国破家亡”。

——摘自《理想国》

古代是有阶级制度的，就像电影中的主人和奴仆那样。柏拉图认为人早在出生前就已经

聪明！
我需要智慧。
统治者阶级——金种
勇气是我的！
咔！
战士阶级——银种
我需要节制。
咕噜噜！
生产者阶级——铜种

被打上了金种、银种、铜种等不同身份等级的烙印。

按照柏拉图的说法，每个人都应各尽其职，即需要分别参与统治、战斗及生产等工作。另外，正因为每个人天生的职责不同，所以不仅每个人所做的事情不同，就连需要具备的德行也不同。

金种是治理国家的统治者阶级，由于要治理国家，所以他们需要具备智慧。银种是战士阶级，是保家卫国的军人，所以需要具备勇气。铜种是生产者阶级，所以需要懂得控制自己的欲望。

统治者作为国民中最有智慧的人，需要接受最严格的教育，只有经过所有的教育过程，才能获得统治国家的资格。

在柏拉图看来，不了解哲学的人就不能成

为统治者，因此统治者阶级的金种需要经过如下的教育过程。

首先，他们在二十岁之前要学习诗歌、音乐及体育；到三十岁，要学习数学和天文学。然后，选拔出其中有资格成为统治者的人。不仅如此，选出来的统治者还要再学习五年的哲学、占星术、美术等知识。最后，为了学习世界的逆转，他们还要为国家工作十五年。

即只有经过五十多年的教育过程，他们才有担任国家精神领袖的资格。然而即使经过再严格的教育，也不见得统治者就不会腐化堕落，所以还要事先做好防范工作。

柏拉图主张统治者不仅不能拥有财产，还不能结婚生子。因为有了家庭和财产，必然会产生私心。

作为银种的战士是保家卫国的军人，所以

需要具备勇气。这里所说的“勇气”指的是懂得区分应该害怕和不应该害怕的知识。因为他们需要临危不惧、英勇杀敌，所以战士必须接受比生产者更多的教育。

作为铜种的生产者需要具备的德行是节制。节制是指控制自己的欲望。事实上，这是包括生产者们在内的所有阶级都要学习的德行。之所以强调生产者阶级要学习，是因为他们需要服从上级，即需要服从战士和统治者的命令。

换言之，柏拉图所想的理想政治并不是所有人都拥有平等权利并能参与的政治，而是由少数有智慧的人们，即哲人们治国的政治。我们称这种政治为“哲人政治”。

事实上，柏拉图主张的政治并非民主制，而是一种独裁政治。柏拉图认为民主制并不是一种正确的政治体系。因为大部分人都不聪明，所以他觉得由一群愚蠢的人决定政策是不可取的。

然而柏拉图所想的理想国只是一种空想。因为即使接受再多的教育，也无法阻止人们觊觎更高阶级的欲望；同时，统治者再厉害也是人，所以不可能不犯错。

但无论如何，柏拉图始终坚信其他人会认可自己提出的理想国，并留下了这样的话。

> 除非哲学家成为我们国家的国王，或者我们目前的国王和统治者能严肃认真地追求智慧，使政治权力与聪明才智合而为一；同时那些庸庸碌碌之徒，必须被排除出去，否则，我想对国家，甚至对全人类都将祸害无穷。
>
> ——摘自《理想国》

知识要点

- 柏拉图认为理念是一切事物具有的不变的原型，所以现实世界的事物只是理念的摹本，而且只有理念世界才是真实世界。
- 柏拉图主张必须由哲学家统治国家，而且统治者阶级需要接受严格的教育，成为德才兼备的人。

名言名段

柏拉图的名言名段

想要让女人承担跟男人一样的责任，就要先让她们接受跟男人同等的教育。

——柏拉图

人生
时代
思想
名言
时事
NEWS

01

教育很重要

柏拉图经常强调教育的重要性，尤其强调对作为未来国家栋梁的孩子们的教育。

将所有十岁以上的有公民身份的孩子送到乡下去，减少他们从父母那里受到的影响，用制定好的习惯和法律培养他们成人。这是我们所述及的国家和制度借以建立起来，得到繁荣昌盛，并给人民带来最大福利的最便捷的途径。

——摘自《理想国》

柏拉图主张教导孩子要选好儿时所讲的童话题材。

例如，他认为给孩子讲希腊神话并不好。因为神话中的神灵们经常相互争斗、耍阴谋诡计，所以对孩子的成长很不利。另外，他还表示主人公不诚实或懦弱的故事也不适合讲给孩子听。因为孩子很容易受到诱惑，极有可能会去模仿故事中的坏榜样。

柏拉图还认为在教孩子戏剧、音乐、美术等艺术领域方面的知识时，最好让他们接触勇敢、有深度、健康的知识，同时不要让孩子接触过于幼稚或目光短浅的内容。简单来说就是只让孩子接触有意义的知识。

此外，光学习不运动会让身体变得虚弱，所以柏拉图还强调要重视身体锻炼。他表示之所以需要锻炼身体是为了让精神支配身体，即是为了能够让人掌控自己的身体。不过，参加奥林匹亚挑战新纪录等并非柏拉图所想的运动方法，因为这需要花费太多的时间和精力。

柏拉图主张男人和女人都要接受同等的教育。因为他认为原则上男女是平等的。因此，

发生战争时，他主张女人也要跟男人一起上战场。当然，他所说的是让女人做力所能及的事情，而不是跟男人一样战斗或做体力活。

单凭能在当时提出男人和女人在权利和义务上需要平等的概念，我们就能推断出柏拉图是一个多么有先见之明的人。

不过，柏拉图的想法也不全都是积极的。例如，柏拉图曾表示如果生下的婴儿是残疾就要扔掉。另外，他还主张处死患有精神病的人和在道德上堕落的人。但无论如何，至少在提倡国家重视孩子教育的方面，我们要给予他足够高的评价。因为在当时能有这种超前想法的人绝对是凤毛麟角。

02

不懂几何者不得入内

柏拉图创建的阿卡德米学院称得上是欧洲最早的大学。在阿卡德米学院，主要传授数学、天文学、生物学、政治论等知识，而其中最重要的便是数学。

数学是当时哲学的重要组成部分，其中的几何学历史最为悠久，主要研究三角形、四边形、圆等图形。

柏拉图认为几何学是直指现实世界本质的学问，所以十分重视，甚至还在学院大门上写下“不懂几何者不得入内”一行字。

柏拉图如此重视数学，其实与他提出的理念有很大的关系。他认为人通过感觉感受到的世界，即能够看得见摸得着的世界并不是真实的世界。在他看来，只有理念世界是真实的世

界，而人们所生活的现实世界的所有事物不过是理念的不完整模型罢了。

柏拉图表示经过理性和理智的过程就能认识理念，但这样的过程需要合乎逻辑。这一点可以说是理念和数学的共同点。

日后主张日心说的伟大科学家——伽利略（1564—1642）就曾说过："自然是用数学写成的。"另外，20世纪的顶级科学家、曾参与计算机游戏理论研究和核弹研发的诺依曼（1903—1957）也曾说过用观察自然的结果来创建数学模型。

他们二人的话总结起来就是没有数学这一工具，就无法研究科学，即无法研究自然。

数学这一学问的核心是证明。即使是"一加一等于二"的常识也需要证明，这就是数学的基本立场。数学并不是生硬地计算过程，而是逻辑严谨地证明"为何如此"的过程。正因如此，柏拉图才会主张在阿卡德米学院学习理念之前优先学习数学。

柏拉图认为所有学问要想成为永恒的真理就要与数学相似。

知识要点

- 柏拉图主张要重视孩子的教育，同时还强调男女平等，女人要接受与男人同等的教育。
- 柏拉图强调数学的重要性，表示所有学问要想成为永恒的真理就要与数学相似。

时事关联

比外表 更重要的是什么

只重视苗条的身材、华丽外貌的社会存在很多副作用。假如是柏拉图，他又会如何看待这样的社会呢？

人生
时代
思想
名言
时事

01

外貌至上主义

在报纸或电视新闻中，我们经常能听到“整容风”“减肥套餐”等新鲜词汇。著名演员和艺人的整容消息早已屡见不鲜。可以说，重视外貌的风气逐渐在社会上盛行。

这样的现象不止存在于某个国家。事实上，无论是东方还是西方，以前还是现在，拥有美丽的外貌始终是令人羡慕的。另外，为了保持年轻漂亮的外貌付出一些努力是极其正常的事情。

关键在于一个“度”字。执着于外貌，认为只要长得好看就可以的想法，我们称之为“外貌至上主义”。在西方，外貌至上主义叫作“Lookism”。它是“看（look）”和“主义（ism）”的合成词。

简单来说，外貌至上主义指的是通过外貌区分优劣，认为外貌可以左右成败的思想。

据调查显示，目前整容市场规模发展极其迅猛。近几年，不仅女性，就连男性整容人数也在不断增长。

在国外，因盲目减肥导致死亡的事件时有发生。另外，因整容失败而陷入痛苦中的人也不少。学者们认为导致这种现象的根本原因在于过于追求好看外貌的社会风气。

但与另一种现象相比，外貌至上主义带来

的整容和减肥风潮并不算什么大问题。那就是歧视长相难看或肥胖的人的现象。

假如柏拉图看到如今的这种现象，肯定会非常失望。因为他曾表示重要的是内心，而并非华丽的外表。在他看来，人可以感受到的事物，即能看得见、摸得着的东西都是虚假的。

柏拉图认为重要的是不变的价值。外貌会随着年龄的增长而变化，但人的内心却始终不

会发生变化。换言之，人的真正价值不在于外表而在于内心，所以人更应该努力塑造看不到的内在美，而不是外在美。

只重视外表的社会必然会有这样那样的问题，比如学历伪造、地域歧视等。因为人们重视的并不是一个人的能力，而是他“毕业于哪所学校”“出生在哪里”等“招牌”。

外表不过是人具有的诸多特征之一，而且每个人天生就拥有不同的外貌和特征，所以我们不应该只用一种标准去衡量一个人的美，更不应因那个人的原有特征而歧视他或进行区别对待。

02

柏拉图与孟子

柏拉图和孟子分别出生于地球两端的古希腊和中国。他们所生活的时代，古希腊和中国均处在政治动荡时期。而同为活跃在混乱时期的哲学家，他们二人都思考过“什么是好的政治”的问题。

当时，雅典因持续不断的战争逐渐衰弱，混乱的局面使得雅典引以为傲的民主制也渐渐失去初衷。对民主制失去信心的柏拉图构思出由哲学家治理国家的哲人政治制度。

孟子所生活的中国当时的情况与雅典很相似，但相对来说更为严重。

随着周国的力量衰微，大国之间争夺霸主的局面出现了。在此后的数百年间，各国之间战乱不断，社会陷入混乱，百姓颠沛流离。我们称这个时期为“春秋战国时期”。

孟子想要结束混乱的局面，开始思考什么是“好的政治”。对于当时的情况，他曾用“庖有肥肉，厩有肥马，民有饥色，野有饿莩，此率兽而食人也”来批判那些为富不仁的官员。这句话可以理解为厨房里有肥美的肉食，马厩里有膘肥的马匹，但百姓却面有饥色，城外甚至还有饿死的尸骨。这应该叫率领野兽来吃人。

孟子也不认为人人都是平等的。他将人分为君子和小人。这里的小人指的是不懂得独立

孟子
（公元前372—公元前289）

春秋战国时期的思想家。他发展了孔子的仁学思想，主张人性本善的“性善说”。

思考的人，而孟子认为人云亦云、盲目附和的人就是小人。如果环境和情况发生变化，小人的心境也会跟着变化，因此小人应该做体力活，也就是作为生产者接受其他人的统治。

另外，统治他人的人是与小人相对的君子。即使环境转变，君子的心态也不会变，而且总是能找到正确的方向。孟子认为这种人应该做脑力活儿而不是体力活儿。

孟子这种将人分为统治者和被统治者的方

式与柏拉图的思想很相似。因为柏拉图也主张每个人都应各司其职，从而分为治理国家的统治者、保家卫国的战士及负责工作的生产者等阶级。

柏拉图和孟子虽然是伟大的哲学家，但他们的思想也存在一定的局限性。因为他们虽然认为人人平等，却又将人分为好几个等级。即便如此，后世的人依然十分尊敬他们。因为他们始终在为别人着想，同时为了寻求人类的正确道路而付出了自己的一生。

通过柏拉图的故事学习哲学

如今，柏拉图被誉为人类史上最伟大的哲学家之一。最伟大的哲学家也意味着他是最聪明睿智的人。由于是最聪明睿智的人，所以对无数人产生了影响。

柏拉图被誉为最伟大的哲学家还因为他对如今以基督教和民主制著称的西方文化和思想产生了极大的影响。

如今，全世界很多国家都接受了原本西方人信仰的基督教和他们的政治制度——民主制。基督教是信奉耶稣的宗教，而民主制是能够保障个人自由和平等的社会制度。

基督教的主要思想大都受到了柏拉图的影响。虽然基督教是在耶稣去世后创立的，但它所说的天堂、地狱及全知全能的“神”的思想皆是受到柏拉图思想的影响。

例如，柏拉图所说的“理念世界和现实世界”发展为基督教所说的“天堂和地狱”；柏拉图所说的“最高理念”则发展为基督教所说的全知全能的“神”。

如果说基督教是在接受柏拉图的思想后发展出来的，那么民主制则是在反对柏拉图思想的过程中发展的。

柏拉图认为国家是由几个少数的聪明人“支配”多数不怎么聪明的人的体系。与此相反，如今的民主制是少数的几个人代表多数的自由人。这些少数被选举出来的人不见得就是柏拉图所想的那种“智慧的人”。

由此可见，柏拉图思想对西方文化和思想产生的影响极为深远。正因如此，柏拉图才会被称为超越时代对人类产生巨大影响的哲学家。

值得一提的是，柏拉图提出的事物的本质和国家等概念至今被人们当作研究对象并且运用在现实生活中。

英国的著名哲学家怀特海表示：“两千五百

《最后的审判》| 米开朗基罗，1534—1541 年作

文艺复兴大师米开朗基罗的代表作。作品中以审判者——耶稣为分界点，分别展现了天堂和地狱的场景。自柏拉图之后，西方国家中天堂和地狱、灵魂和肉体等把世界划分为两个部分的思想逐渐占据主导地位。

年的西方哲学只不过是柏拉图哲学的一系列脚注而已。”这说明如今的哲学所研究的问题皆是柏拉图提出的。

当然，若是没有他的老师苏格拉底，柏拉图也无法成为伟大的哲学家。因为柏拉图强调的理念便是苏格拉底提出的、与肉体相对的概念——“灵魂”的延伸。

柏拉图的思想中最关键的是理念，但人们无法确认理念世界是否真的存在，所以会认为自己看到的就是全部。然而事实证明，人们看不到的未必就不存在，所以理念世界也是有可能存在的。

也许正是因为所有的事物都具有人眼看不到的原型——理念，所以人们才会如此苦苦追寻最完美的原型；同样，正是因为有这样的努力，人们才能不断改正自己的错误。而改正错误的过程就是一种发展。

换言之，人类之所以能够发展起来，是因为存在照耀现实的、永恒的真正理念。因此，假如我们可以确定人类经历过发展，就说明理念世界是确实存在的。

理念世界并不是什么其他世界。如今我们不断改正自己的错误并且想要发展下去的心灵停留之处便是理念世界。

另外，如果说哲学是想要寻找人不知何时丢失的永恒不变的心的过程，那么哲学家便是一群小心珍藏着这份心的人。

历史中的柏拉图

	西方	柏拉图	东方
公元前 479 年	持续了 13 年的希波战争结束。		中国，孔子去世。
公元前 478 年?	希腊以雅典为中心结成提洛同盟。		
公元前 470 年	苏格拉底诞生。		
公元前 461 年	领导雅典进入黄金时期的政治家伯里克利当选为雅典政府领导人。		
公元前 450 年	罗马发布最早的成文法——“十二铜表法”。		
公元前 431 年	伯罗奔尼撒战争爆发。	▲《雅典学院》一部分 | 拉斐尔 1510—1511 年作	
公元前 430 年	雅典爆发瘟疫，大量民众死亡。		
公元前 428 年?		出生于古希腊雅典。	
公元前 415 年	在希腊的帮助下，埃及摆脱阿契美尼斯王朝的统治。		▲《雅典学院》中的苏格拉底（最右侧）
公元前 408 年		20 岁时成为苏格拉底的弟子，聆听教诲、学习知识。	

	西方	柏拉图	东方
公元前404年	伯罗奔尼撒战争结束。		
公元前403年	雅典民主政治复燃。		中国，战国时代开启。
公元前400年	斯巴达在小亚细亚与波斯帝国开战。		
公元前399年	苏格拉底喝下毒酒去世。	29岁时离开故乡雅典，前往希腊、埃及、意大利南部、西西里等地游历。	 ▲《苏格拉底之死》| 大卫，1787年作
公元前386年	古希腊承认小亚细亚属于波斯。		
公元前385年		43岁时创建阿卡德米学院。	
公元前384年	亚里士多德诞生。		
公元前372年			中国，孟子诞生。
公元前369年?			中国，庄子诞生。
公元前367年		61岁时在阿卡德米学院接受亚里士多德为弟子。	
公元前347年?	▲柏拉图（左侧）和亚里士多德	81岁时留下《申辩篇》《斐多篇》《会饮篇》《理想国》等作品离世。	

QUIZ

柏拉图创办了“阿卡德米”学院。大家觉得我们为什么要上学？

请写一写你的想法。

国家应该由几个优秀的人来治理呢，还是应该采纳普通大众的想法来治理呢？

请写一写你的想法。

Important Message

现实世界的事物都是理念的模型。

抄写一遍这句名言，思考一下它的含义。

人所接受的教育的方向会决定他未来的人生。

抄写一遍这句名言，思考一下它的含义。

Important Message

财富是奢侈和懒惰之母。

抄写一遍这句名言，思考一下它的含义。

文 | Goodwill 哲学研究所

Goodwill 哲学研究所创立于 2006 年 10 月。创立人员主要以哲学教育和研究经验丰富的教师为主。他们的宗旨是为小学、初高中生及一些哲学论述教育家们，提供关于创意性思考能力的优质教育内容。Goodwill 哲学研究所以专业的学问为基础，横跨人文和自然领域，致力于传播当今哲学和论述教育所需的整体性、综合性的知识。

※ Goodwill 意为善意，相信人性本善，所以在为每个人都能活出个人样而努力。

研究委员

金南寿（毕业于延世大学哲学专业、Goodwill 哲学研究所所长）

金东国（首尔大学美学硕士）

金彩林（首尔大学美学硕士）

李静雅（延世大学英国文学教师）

朴启浩（高丽大学教育学硕士）

夏金红（东国大学物理学硕士）

徐志英（中央大学德国文学博士）

韩正阳（江原大学韩语教育学硕士）

图 | 崔尚奎

曾荣获 LG 东亚国际漫画展、韩国出版美术家协会插画家大奖赛传统童话奖项，现活跃在卡通、漫画、插画等多个领域。

角色设定 | 刘南英

毕业于漫画专业，活跃在角色设计和插画领域，致力于给人们传播快乐、梦想及希望。

图字：01-2022-5699

图书在版编目（CIP）数据

像哲学家一样思考．第一辑．柏拉图 / 韩国 Goodwill 哲学研究所编著；千日译．— 北京：东方出版社，2023.3
ISBN 978-7-5207-2073-1

Ⅰ．①像… Ⅱ．①韩… ②千… Ⅲ．①柏拉图 (Platon 前 427– 前 347) —哲学思想—青少年读物 Ⅳ．① B-49

中国版本图书馆 CIP 数据核字 (2022) 第 221555 号

像哲学家一样思考（第一辑）：柏拉图
XIANG ZHEXUEJIA YIYANG SIKAO DI YI JI : BOLATU
作　　者：［韩］Goodwill 哲学研究所
译　　者：千日

策划编辑：鲁艳芳
责任编辑：王晶晶
出　　版：東方出版社
发　　行：人民东方出版传媒有限公司
地　　址：北京市东城区朝阳门内大街 166 号
邮　　编：100010
印　　刷：天津图文方嘉印刷有限公司
版　　次：2023 年 3 月第 1 版
印　　次：2023 年 3 月北京第 1 次印刷
开　　本：880 毫米 ×1230 毫米　1/32
印　　张：3.75
字　　数：36 千字
书　　号：ISBN 978-7-5207-2073-1
定　　价：180.00 元（全 6 册）
发行电话：（010）85924663　85924644　85924641

好习惯为什么重要

亚里士多德

[韩] Goodwill 哲学研究所 / 编著

千日 / 译

人民东方出版传媒
People's Oriental Publishing & Media
東方出版社
The Oriental Press

目录

人生轨迹

博学之人

时代背景

危机中的雅典

思想理念

不断变化的世界

名言名段

亚里士多德的名言名段

时事关联

好奇心理

“年幼时期养成的习惯所形成的并不是些许差距,而是所有的差距。”

亚里士多德与苏格拉底、柏拉图并称为

西方哲学的奠基者。

亚里士多德曾探索：什么是正确的行为？

什么又是真正知道？它们当中哪个更好？

亚里士多德很喜欢打扮。

他会穿好看的衣服、帅气的鞋子，

身上还会佩戴各种华丽的饰品。

亚里士多德认为：

重复做一些对自己有益的事情，

你就会成为那样的人，

但关键是你得知道哪些事情真正对自己有益。

人生轨迹

博学之人

很久以前，一位哲学家来到古希腊雅典。他在柏拉图手下学习二十多年，打下了坚实的基础。最终，他超越了柏拉图，成为与柏拉图比肩的希腊哲学家。

01

去雅典留学

亚里士多德（Aristotle）出生于公元前384年雅典殖民地——色雷斯的斯塔基拉。斯塔基拉位于现在的保加利亚，与希腊、马其顿、土耳其接壤。

亚里士多德并非贵族出身，但家境还算富裕。他的家族是历代马其顿王室的御医。亚里士多德的父亲也是当时马其顿阿敏塔斯国王的

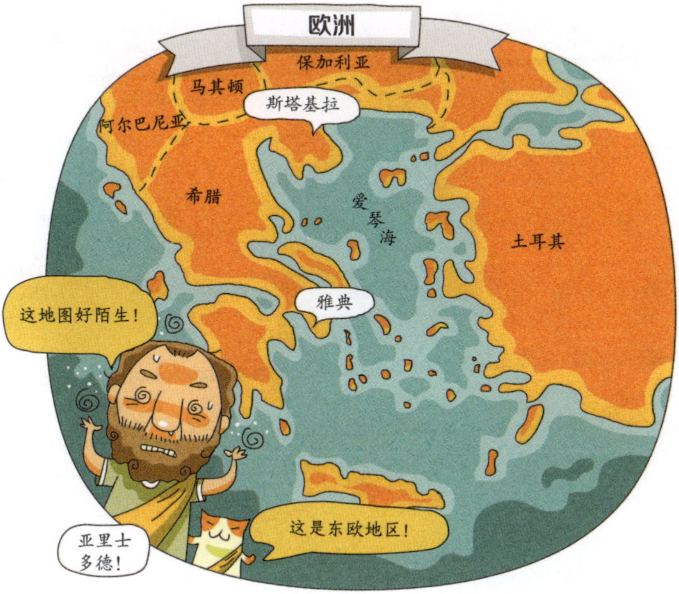

御医，所以人们猜测亚里士多德多半从小也享受着贵族的待遇和福利。

亚里士多德不仅喜欢哲学、心理学，还对自然科学感兴趣，所以曾研究过生物学、地质学、化学等。一个人学习的东西太广泛，往往很难做到样样精通，但亚里士多德却做到了真正的“博而精”。他编著的作品甚至到 1500 年

亚里士多德的老师——柏拉图

柏拉图（公元前 428？— 公元前 347？），古希腊著名哲学家。他既是苏格拉底的弟子，也是亚里士多德的老师。他创立了阿卡德米学院，致力于弟子的培养。

后也仍然被人们当作教科书来使用。

亚里士多德的父母很早就离开了人世，所以亚里士多德一直被寄养在亲戚家中，到了十七岁时，他到雅典阿卡德米学院求学。

阿卡德米学院是柏拉图创立的欧洲顶级学校，是希腊哲学的发源地。阿卡德米学院在希腊声名远扬，所以很多人到这里求学，其中还包含很多医学、考古学等领域的专家。

从雅典残存的半身像中我们可以看到亚里

士多德头发浓密，浑身散发着一股浓浓的书生气。传闻他是一个很在意外表的人，不仅穿着打扮十分时尚，还喜欢戴戒指等饰品。亚里士多德还很喜欢书籍。由于经常购买书籍，所以他家中陈列的书籍多得让人联想起图书馆来。

亚里士多德作为学生在阿卡德米学院待了大约二十年，这种事情也就是当时的学院没有像现在大学那样有毕业制度才会出现。

柏拉图极为重视数学，甚至在学院大门写

发展希腊哲学的亚里士多德

亚里士多德（公元前 384—公元前 322）创建了古代最大学术体系，同时对包括中世纪经院哲学在内的众多后世学术的发展产生了极大的影响。他出生于宫廷御医世家，十分喜欢研究自然。

下“不懂几何[1]者不得入内”这样的警告词。然而相较于数学，亚里士多德更喜欢研究来自大自然的材料。

亚里士多德和柏拉图的思想并不一致，但柏拉图却十分看好亚里士多德，还称呼他为“阿卡德米学院之灵”。在讲课时，若是看不到亚里士多德的身影，柏拉图就会停止讲课，说：“现在这里缺了灵魂。缺了灵魂的听众是聋子。”只有亚里士多德出现，他才会继续讲课。

亚里士多德是一个努力派，就连睡觉都舍不得，以至于柏拉图十分担心他的身体。传闻亚里士多德晚上看书时，会用一只手握着青铜球，下面再放一个铁盆。若是他不小心睡着，手中的青铜球就会掉落在铁盆里发出剧烈的声

① 几何：一种研究图形及空间性质的学问。在古埃及，最初的几何学源于方便丈量土地而进行的图形研究。后来，几何学传入古希腊，再经过泰勒斯、毕达哥拉斯、柏拉图等学者们的努力得到进一步发展。

响，从而惊醒自己。

公元前 347 年左右，柏拉图去世后，亚里士多德离开了居住二十多年的雅典。

02

成为国王的家庭教师

离开雅典后，亚里士多德首先停留的地方便是位于特洛伊附近的阿索斯。在那里，他创建了类似于阿卡德米学院的小型学院，并且做了三年研究。在那期间，他还娶妻生子，过得十分幸福。

后来，他又移居到附近位于莱斯沃斯群岛上的米蒂利尼。在那里，他同样创立了一个小型学院，同时开始研究哲学和生物学。由于所处的是岛屿，亚里士多德研究最多的是海洋生物。

与其说亚里士多德是专注于思考的哲学家，不如说是喜欢观察和做实验的科学家。

研究科学的学者们十分重视自己亲眼见证的过程，无论这个过程多么艰辛。他们认为不可以对没有经过确认的事情说长道短。从这个角度来说，亚里士多德称得上是伟大的科学家。尽管从现代科学的角度来看，不乏一些荒诞的内容，但那个时代科学技术不像现在这样发达，也不存在像显微镜等可以细微观察的精密仪器。

公元前343年，马其顿王国的国王腓力二世聘请亚里士多德为自己的儿子亚历山大的家庭教师。此时，亚历山大刚好13岁。

当时，欧洲没有学校，所以人们大都会

师从亚里士多德的亚历山大大帝

亚历山大大帝（公元前 356—公元前 323）是马其顿帝国的国王。他建立了横跨古希腊、波斯、印度的庞大帝国，同时结合古希腊文化和东方文化发展出一种全新的希腊化文化。

为自己的子女聘请家庭教师。亚里士多德的老师——柏拉图对政治十分感兴趣，还曾教导过西西里的国王。而亚里士多德能成为一国王子的家庭教师，说不定他也逐渐开始对政治感兴趣；或者也有可能是他原本就对政治感兴趣，才会答应国王的邀请。

亚历山大和他的老师亚里士多德的相遇可谓是珠联璧合、相得益彰。即使成为国王，四处征战时，亚历山大也会收集各种研究资料和标本送给亚里士多德。

不过亚历山大并不是一个乖乖听话受教的模范学生。传闻相较于学习，亚历山大更喜欢看《伊利亚特》等英雄故事。《伊利亚特》是荷马所写的史诗，讲述的是希腊军队远征特洛伊的故事。

事实上，亚里士多德并没有在马其顿过多停留。三年后，腓力二世去世，亚历山大继承王位。最终，亚里士多德再次返回雅典。

毕竟亚里士多德从十七岁时就一直待在雅典，所以相比于故乡，他更加思念雅典。当时的亚里士多德已经快五十岁了，但并没有放弃学术研究。相反，他比任何时候都专注于学术研究。

03

走在吕克昂的走廊里

回到雅典后，亚里士多德并没有返回阿卡德米学院，而是自行建立了一所学校，学校的名字叫吕克昂学院。据说，学校附近有一座供奉古希腊神——阿波罗的吕克昂神殿，所以学校才被取名为吕克昂学院。

学院开办后，大量想要与亚里士多德一起学习的人涌入学院。因为学员太多，以至于亚

古代文化和艺术的中心——雅典

雅典是古希腊学术和艺术的中心。苏格拉底、柏拉图、亚里士多德等哲学家们曾活跃在这里。如今，雅典不仅是希腊的首都，还是一座残留着古希腊遗迹的旅游和文化都市。其中，最著名的旅游景点是雅典卫城。

里士多德不得不制定校规来维持秩序。据说在学院中，亚里士多德与学员们一同用餐，而且就连学院的管理者也是由学员们轮流担任的。

亚里士多德喜欢一边在树林里散步一边跟弟子们讨论问题，所以人们称亚里士多德和他的弟子们为“逍遥学派”。“逍遥”指的是“散步、行走的模样”，所以“逍遥学派”也可以理解为“边散步边学习的学派”。

我们不妨想象一下这样的情景：亚里士多德领头走在树林或学校的走廊里，讲解关于某个主题的内容，后面跟着一群学生，静静地聆听老师的解说。

假如有人觉得跟亚里士多德一起边走边学不自在，则完全可以选择只听他的讲座。因为亚里士多德不仅会给自己的学生们讲课，还会给普通市民开坛授课。

亚里士多德留下了很多整理自己演讲和授课内容的书籍。传闻这些书籍多达400多本，但遗憾的是，至今保存下来的只有区区50多本。

04

对哲学家犯罪的雅典

亚里士多德61岁时，亚历山大大帝因在战场上感染疾病而去世。亚历山大大帝去世后，被亚历山大大帝征服的雅典趁机开始反抗马其顿。

当时，感到最为难的无疑是亚里士多德。因为他们一家历代都是马其顿王室的御医，而他本人更是担任过亚历山大大帝的家庭教师。

另一方面，他与当时统治雅典的马其顿总督也是好友。

因此，不少雅典人都认为亚里士多德与侵略者是一伙的。最终，雅典市民以不敬神罪起诉了亚里士多德。

当初苏格拉底因不敬神罪被起诉，被判处死刑，喝下毒药，但亚里士多德并没有像苏格

古代马其顿王国的首都——佩拉

佩拉位于古希腊北部，是亚历山大大帝出生和成长的地方，就是在这里，亚里士多德担任亚历山大的家庭教师。

拉底一样等死，而是选择逃离雅典。当时，他还留下了一句名言：“我决不让雅典市民第二次对哲学犯罪！”

亚里士多德并非雅典人，所以没必要像苏格拉底一样以身殉法。可惜的是，离开雅典一年后，亚里士多德就身染重病离开人世。

知识要点

- 亚里士多德不仅研究哲学和心理学，还研究生物学、地质学、化学等。更令人惊讶的是，他在各方面不仅博学还精深，以至于1500年后人们仍将他的作品当教科书使用。
- 亚里士多德被聘请为马其顿王国王子亚历山大的家庭教师。后来，他回到雅典建立吕克昂学院，专心教导弟子。人们将亚里士多德和他的弟子称为“逍遥学派”。

时代背景

危机中的雅典

包括雅典在内的古希腊城邦被连续不断的战争耗尽国力，渐渐走向衰败。而邻国马其顿王国的战争英雄——亚历山大大帝的庞大征服计划，给世界文明史带来了极大的影响。

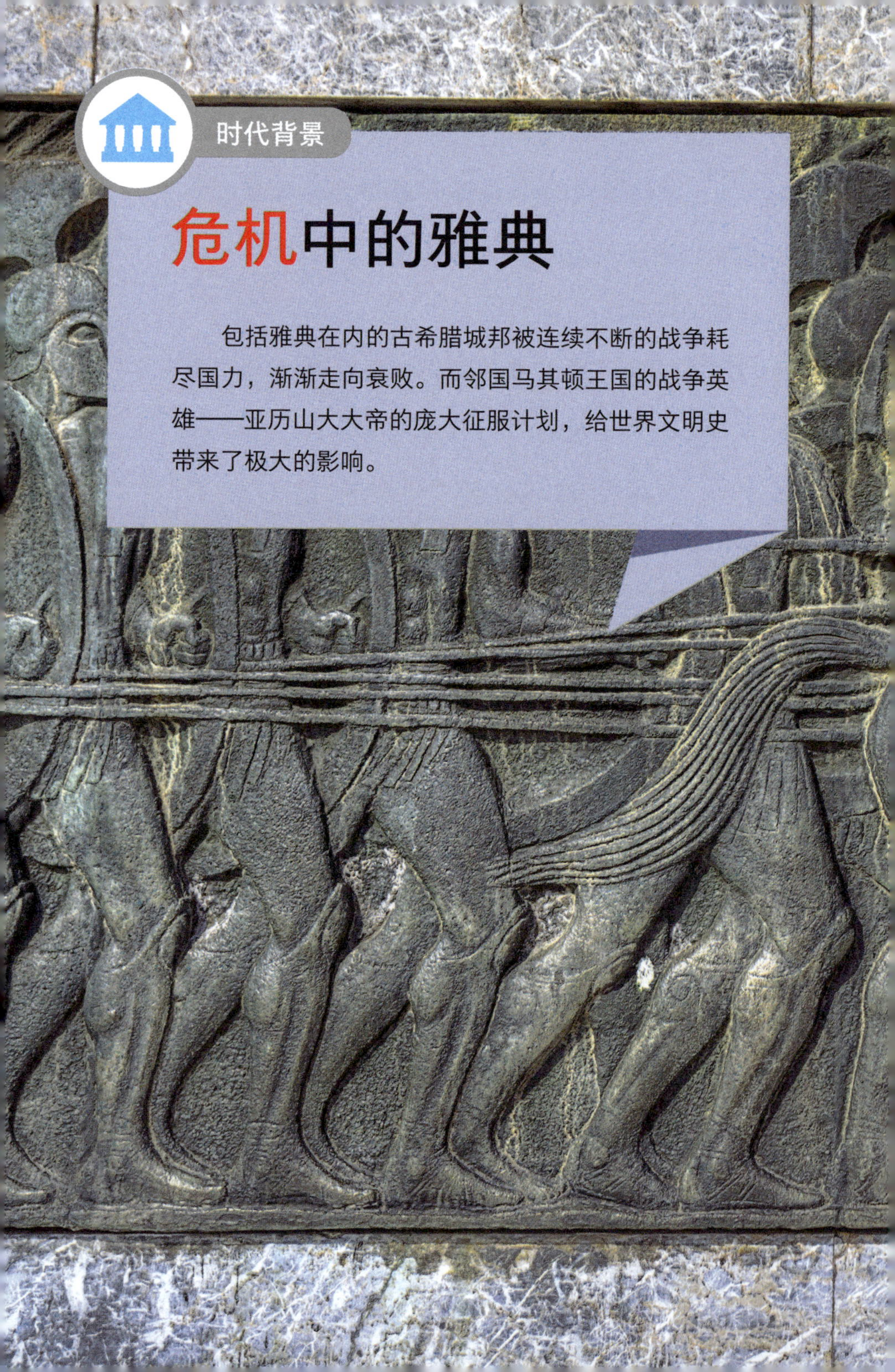

01

伯罗奔尼撒战争后的雅典

亚里士多德的家族世世代代都与马其顿王室有着密切的关系，这恰恰对亚里士多德造成了很大的影响。因为一旦马其顿王国和各希腊城邦的关系变得糟糕，曾作为亚历山大大帝家庭教师的亚里士多德必然会首当其冲。

希腊由200多个城邦组成。当时，这些城邦分成两派，分别是以雅典为首的提洛同盟和以斯巴达为首的伯罗奔尼撒同盟。而伯罗奔尼撒战争就是这两个同盟之间爆发的战争。

这场战争从公元前 431 年开始，一直持续到公元前 404 年。尽管期间也有过几次停战，但长期的战争使得双方都到了山穷水尽的地步。

最终，雅典在这场战争中败北。战败后，雅典失去了所有的战舰，同时不得不摧毁无数具有战略意义的要塞和城墙。雪上加霜的是，斯巴达还将雅典的民主制更换为寡头制。民主制是通过国民投票决定国家领导人和政策，但寡头制则无关民意，由几个具有影响力的人来执掌政权。庆幸的是，没过多久雅典市民高举反对旗帜，重新恢复了原来的民主制。

其他属于战败方的提洛同盟中的城邦也跟雅典一样受到了斯巴达的残酷压榨。于是公元前 395 年，忍无可忍的底比斯、科林斯等城邦在雅典的领导下再次向斯巴达发动战争。

经历近10年的战争，雅典终于击败斯巴达，曾经被勒令摧毁的城墙也重新建立起来。可惜的是，哪怕付出再多努力，雅典想要重新找回希腊城邦霸主的计划却始终没能如愿。

在伯罗奔尼撒战争开始时，雅典虽然处于提洛同盟的领导地位，但由于太过轻视其他同盟国，惹得它们对雅典怀有极大的不满。

另外，雅典起初也承认其他城邦的自由，但过了一段时间后，它又试图像从前那样肆意控制其他城邦。于是越来越多的城邦加入反抗雅典的浪潮，最终引发战争。这场战争就是“希腊同盟战争”。因为是同盟国之间爆发的战争，所以才被这样命名。

在这场战争中，雅典被打得节节败退，毫无还手之力。而看到雅典陷入劣势的其他城邦也纷纷开始脱离同盟。祸不单行，周边的波斯帝国也参与了进来。无奈之下，雅典只能终止战争，同时承认其他城邦独立。

最终，饱受战争之苦的雅典及其他城邦渐渐从辉煌开始走向衰落。事实上，希腊走向没落的决定性原因是马其顿王国的觊觎。

马其顿王国是位于希腊北部的一个小国。由于一直处在希腊文化的影响下，马其顿人都认为自己属于希腊。但希腊本土的居民，也就是希腊各城邦的市民却很自负，始终把马其顿人视为未开化的野蛮人。

马其顿开始走向强盛是从亚历山大大帝的父亲——腓力二世时期开始的。腓力二世加强王权，培养军事力量，最终选择攻打希腊，并在战争中一步步取得胜利。

腓力二世从亚里士多德的故乡——斯塔基拉开始征服希腊中部，然后战胜雅典，一路高歌猛进，最终在公元前338年彻底征服整个希腊。

征服希腊后，腓力二世集结其他城邦组成联合军，准备攻入波斯帝国。然而他的雄心壮志尚未实施就惨遭毒杀。

腓力二世去世后，他的儿子亚历山大继承王位。亚历山大拥有雄才大略，登基后迅速稳定国内局势，继而平定希腊的叛乱。

公元前334年，亚历山大率领马其顿军队和希腊联军开始进攻波斯帝国。事实上，亚历山大能够号令希腊联军也从侧面上说明他早已将希腊牢牢地掌控在手中。大约过了两年，亚历山大成功占领波斯帝国。

不止于此，亚历山大又一路征战拿下叙利亚、腓尼基，甚至埃及。之后，他继续率军进入南亚次大陆，占领部分印度领土。就这样，仅用了十年时间，一个东至印度西至埃及的庞大亚历山大帝国形成了。

亚历山大大帝原本还打算征服阿拉伯，但

在准备的过程中病倒了，最终在33岁英年早逝。

导致亚历山大大帝死亡的疾病究竟是什么，并没有明确的说法，但很多人猜测是恶性疟疾。

恶性疟疾是通过蚊子叮咬传播的疾病，所以很有可能是前往印度时感染的。

人们认为亚历山大大帝征服了欧洲、非洲和亚洲三个大陆，同时首次实现东西方文化的融合，所以称呼他为史上最伟大的征服者。

亚历山大大帝离世后，亚历山大帝国立即分崩离析。由于亚历山大大帝没有继承人，所以王室无法确定该将王位交给谁。也有传闻说，有人曾在亚历山大大帝临终时询问过他要将王位传给谁，而他当时回答说：“让最强者继承王位。”

后来他手下的将领们企图瓜分帝国，继而引发了一系列战争。最终，亚历山大大帝一手创建的帝国分裂成马其顿、叙利亚、埃及等王国。也许即使有人继承亚历山大大帝的王位，帝国说不定也会分裂，毕竟领导如此庞大的帝国也不是一件简单的事情。

总之，亚历山大帝国虽然分裂了，但亚历山大大帝的征服行为所带来的影响十分深远。随着亚历山大征服过的各国文化相互交流，东西方文化融合在一起诞生了一种新的文化，就是希腊化文化。

亚历山大大帝死后，雅典一度想要从马其顿独立出去，但最终以失败告终。后来，雅典在罗马的影响下，获得过独立，但于公元前 146 年并入罗马。

趣味小常识

希腊化（Hellenism）文化

希腊化文化是亚历山大大帝时期以古希腊文化为主，再融合东方文化的元素发展的最初的国际文化。这里的东方指的是位于地中海东边的各国，通常指小亚细亚。

在这个时期，重视个人实现幸福的哲学最发达，同时还流行写实化和典雅精致的雕塑。

这个时期的数学、医学、物理学等自然科学也得到长足发展。具有代表性的科学家有发现浮力原理而兴奋地高喊“发现了”的阿基米德和发展几何学的欧几里得等。

直到公元前 30 年，罗马建立帝国为止，希腊化文化一直在希腊和亚细亚一带流传，后来甚至还传入印度，发展出融合古希腊、罗马风的佛教艺术——犍陀罗艺术。犍陀罗是印度的一个地名，传闻当时是印度和其他国家往来的交通枢纽。

采用希腊化艺术风格雕刻的拉奥孔群像

拉奥孔是古希腊神话中的特洛伊王子。雕塑描述的是拉奥孔和他的两个儿子被雅典娜派出的两条巨蛇咬住而痛苦不已的场景。雕塑群采用写实风，所以人物大小也与实际相差无几。

采用犍陀罗艺术风制作的印度佛像

犍陀罗艺术的最大特点是自然，也曾对韩国文化产生影响。其中，最具代表性的就是位于韩国佛国寺的石窟庵本尊佛。

02

亚历山大和亚里士多德

亚历山大大帝是一位名扬四海的军事家，同时他对各种学术和文化也很感兴趣。这一点很有可能是受到家庭教师亚里士多德的影响。

亚历山大大帝在每个自己征服过的国家都建立了以自己的名字命名的城市。

其中最著名的是埃及的亚历山大港。它的规模无比庞大，所以时至今日都被奉为传说。

传闻亚历山大港图书馆中曾收录的书籍有70多万册。要知道，当时书籍是十分珍贵的。因为那个时候不像现在这样有发达的印刷技术，所有的书籍都需要手工抄录，可见收录70多万册的书籍是一件多么惊人的事情。

亚历山大大帝并不是一个喜欢学习的学生，但对自己的老师——亚里士多德却十分尊重。即使四处征战时，他也会带着艺术家、诗人、植物学家、地质学家等学者收集各种资料，再寄给亚里士多德。由于这些资料是从亚历山大大帝征服的庞大地域中收集而来，所以无论是质量还是数量都是极为惊人的。

他们二人之间的牵绊并不止这些资料。亚历山大大帝去世后，他所征服的帝国被手下的将领们瓜分为马其顿、叙利亚、埃及等国家。这些只懂得打仗的人突然成为一国之主，必然需要很多专业人士辅佐自己。

埃及的亚历山大图书馆

古代亚历山大图书馆是在公元前288年托勒密一世时期所建，为埃及文明提供了将近600年的坚强基石。公元3世纪左右，它被罗马军队一把火烧成了灰烬。照片是2002年图书馆重新建立后的情景。弧形的外壁上刻着提供资助国家的文字。

于是他们请来了一批学者，而这些学者便是曾就读于吕克昂学院的亚里士多德的弟子们。因为当时大部分有才华的人基本都聚集在吕克昂学院。

这些学者传授统治者们所需的知识，帮助他们治理国家，从而对希腊化文化的发展起到了重要的作用。

就这样，亚里士多德和亚历山大大帝的缘分长久地持续了下去。

03

老师柏拉图

每次说到柏拉图，都不能不提及他的老师苏格拉底；同样，说到亚里士多德，也不能不提及他的老师——柏拉图。

柏拉图主张的各种理论中最具代表性的无疑是“理念论”。理念指的是事物的“原型”，即完整的形态。

我们不妨看一下下面的三角形。

按照柏拉图的说法，这个三角形并不是真正的三角形，而是三角形理念的摹本，也就是为临摹完整三角形形态的不完整形态。但即便如此，人们依然称它为三角形，这是为什么呢？因为人们都知道三角形的理念就是“同一平面内不在同一直线上的三条线段首尾顺次连接所组成的封闭图形”，于是出于方便，人们会表示：“啊，原来它是三角形理念的仿制品。既然这样，那就直接叫它三角形好了。”

柏拉图主张，人之所以认识眼前的事物，是因为知道眼前事物模仿的理念。

在画三角形时，即使我们每次都用同一个三角尺去描，也描不出完全相同的三角形。每次描出来的三角形总会跟之前描出来的三角形存在些许差异。但我们之所以认为自己画出了

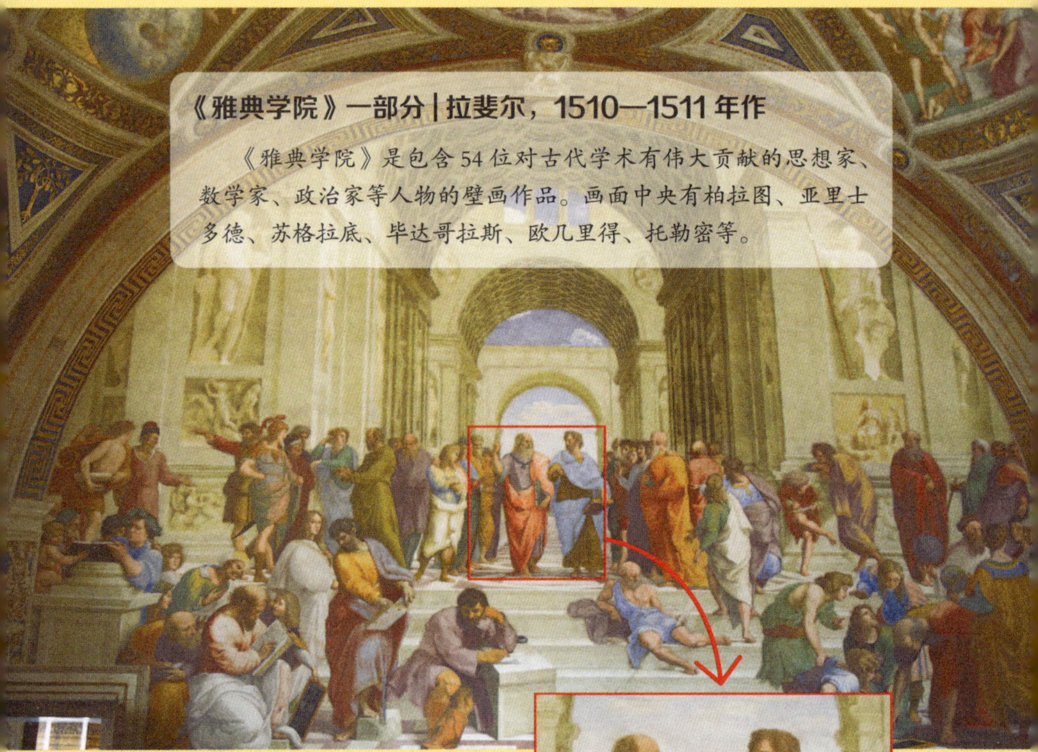

《雅典学院》一部分 | 拉斐尔，1510—1511 年作

《雅典学院》是包含 54 位对古代学术有伟大贡献的思想家、数学家、政治家等人物的壁画作品。画面中央有柏拉图、亚里士多德、苏格拉底、毕达哥拉斯、欧几里得、托勒密等。

柏拉图

柏拉图一只手拿着《蒂迈欧篇》，另一只手的食指像指着理念世界一样指着天空。

亚里士多德

亚里士多德则一手拿着《伦理学》，用另一只手的手掌压向地面，仿佛在解释现实世界的概念。他们二人正在讨论真理的本质。

三角形，是因为它具有“同一平面内不在同一直线上的三条线段首尾顺次连接所组成的封闭图形”的不变性质。由此可见，理念就是“变化中的不变”，是所有事物具有的永恒不变的“原型”。

柏拉图主张现实世界存在的事物都是它们理念的摹本。他认为不仅人们看得见摸得着的事物，就连味道、香味及情感也都属于理念的摹本，而且还是不完整的、似是而非的摹本。

理念论的意义在于主张真理的存在。相比之下，智者[①]们则主张人的感觉始终都在变化，所以不存在永远正确的知识。

对此，柏拉图则表示知识并不属于物质，所以“正确的知识”并不能通过感觉来获得。

① 智者（Sophist）：公元前5世纪左右，在希腊的雅典等地区以收徒传授教养、艺术及辩论技巧为生的人。具有代表性的智者有普罗泰戈拉、高尔吉亚等。不过后来由于他们为了利益玩弄似是而非的智慧，所以被称为“诡辩者”。

他认为人的感觉始终在变化，所以不值得信任，但知识（真理）是永恒不变的。

那么如何才能获得正确的知识，又如何去认识理念呢？

对此柏拉图认为，人在出生前就已经认识了理念，只不过随着出生把它们忘掉了，但人在现实世界中的经历会刺激灵魂，从而使人重新回忆起理念，即他认为人在看到事物后会回想起曾经知道的理念。

此外，柏拉图还认为在某个地方一定存在不同于现实世界的理念世界，就好比多元宇宙一样。

知识要点

- 伯罗奔尼撒战争结束后，包括雅典在内的希腊城邦纷纷开始走向衰落。
- 马其顿王国的腓力二世征服了古希腊，而他的儿子——亚历山大大帝则率领希腊联军占领了波斯帝国。后来经过一系列征战，亚历山大大帝又陆续拿下叙利亚、腓尼基、埃及以及部分印度领土，从而建立了庞大的亚历山大帝国。
- 亚里士多德的老师——柏拉图主张世上存在理念世界，还表示现实世界所存在的一切事物都是理念的投影。理念论的意义在于主张真理的存在。

思想理念

不断变化的世界

柏拉图认为只有理念世界才是真实的世界，而亚里士多德则认为理念存在于事物中。另外，亚里士多德还通过观察和分析自然，进一步发展了哲学理论。

人生
时代
思想
名言
时事

01

书桌是形式，木材是质料

苏格拉底和柏拉图认为普遍的真理是存在的。柏拉图的弟子亚里士多德的观点也与他们的相同，但对于真理存在于哪里的问题，他们的看法却有些不同。

柏拉图表示：“真理存在于理念中，而理念并不在人们生活的现实中。”然而亚里士多德则批判老师柏拉图的理念论，主张：“真理存在于事物中。”柏拉图主张存在着一个不同于现实世界的理念世界，但亚里士多德却对此并不认同。他并不认为另一个世界的理念能影响到现实世界，从而形成现实中的事物。在他看来，区分理念世界和现实世界，只会让问题变得更加复杂，不利于了解事物的本质。

如果每一个事物都有对应的理念，我们所生活的地球是否也有它的理念呢？如果地球有理念，那太阳就得有理念，甚至宇宙也得有理念。如此一来，就等于承认某个地方存在另一个宇宙。

此外，理念论还存在一个问题。那就是如果万物都有理念，那么现在虽然没有，但未来将会出现的事物的理念又会在哪里呢？

例如，古希腊时代之前是否就存在宇宙飞船的理念呢？倘若如此，在无数理念存在着的理念世界中，是否会有人们尚未认识的无数事

物的理念正在等着被人们临摹呢？这便是理念论站不住脚的一个最重要的原因。

亚里士多德批判理念论不利于我们领悟事物的本质，同时认为理念和事物并不是分离的，理念应该存在于事物中。在亚里士多德看来，真实存在的并不是理念，而是现实世界的事物。他认为一切事物既可以出现和消失，也可以发生变化。

亚里士多德主张事物由形式和质料构成。质料是组成事物的材料，而形式则是每一件事物的特征。

他认为世间万物都由其本身的形式和质料组成，因此既不可能存在没有形式的质料，也不可能如柏拉图所说的那样存在离开质料的形式。也就是说，亚里士多德认为理念不可能离开事物而单独存在。

柏拉图和亚里士多德的这种思想差异是如何产生的呢？不同于柏拉图，亚里士多德十分重视具体的资料，即通过自己观察而获得的资料。如果柏拉图是从哲学和宗教的角度解释事物的本质，那么亚里士多德则是从自然科学的角度理解事物的本质，这便是他们二人的不同之处。

02

要成为形式的质料

人周边的所有事物都在变化。当然，其中也包括人。例如，人会长大、会生病，甚至会死亡。

亚里士多德是如何看待这些变化的呢？在亚里士多德看来，变化可以理解为运动、成长、衰退、腐败等，但它们的共性都是形式的变化，一旦发生变化，就会出现新的形式。

通过观察，亚里士多德将引发形式变化的原因分为四种：

- 它是什么→形式因
- 它由什么构成→质料因
- 它通过什么形成→动力因
- 它为何形成→目的因

按照他的说法，导致变化的原因有形式因、质料因、动力因及目的因四种。我们可以用制作雕像的过程来进行解释。

假设有一块石头，雕刻家要用它进行雕刻。此时，石头是雕像的材料，所以属于质料因，而雕刻家想要雕刻出来的雕像的模样则是形式因，雕刻的工作就是动力因，而想要对雕像进行展示的计划则是目的因。

再举一个建房子的例子。

房子本身是形式因；而建房子是为了住在里面，所以它是目的因；在建房子过程中的打

想要雕刻什么模样的雕像？
→小猫雕像

由什么构成？
→石头

通过什么形成？
→雕刻家的雕刻过程

为何形成？
→为了作品展示

地基、垒砖、钉钉子等工作是动力因；而建房子时用到的砖头、钉子、水泥等材料则属于质料因。

一切事物都会变化，可见所有的质料都

有为了塑造形式而变化的力量。尽管一些质料尚未具有形式，但它们都具有随时拥有形式的潜力。亚里士多德把这种变化的可能性称之为“潜能（dynamis）”。

石头虽然不是雕像，但却有成为雕像的可能性。而当石头成为雕像时，即质料具备形式时，这个质料不再只是潜能，而是成为“现实”。

亚里士多德认为万物都具有这种想要从潜能转变为现实的目的，同时会朝着这个目的发展。

例如，当橡果发芽、生长就会成为橡树，因此橡果具有成为橡树这一现实的可能性。此时，橡果是潜能，而橡树则是现实。

人也一样。对于婴儿来说，长大成人就是其最重要的变化，而其中长头发和掉头发、身体生病和痊愈等都是过程中发生的小变化。

亚里士多德认为，不存在没有质料（潜能）的形式（现实）或没有形式（现实）的质料（潜能）。

他认为一切质料都会为了成为形式而不断运动，从而带来世界的变化。

亚里士多德表示，世间万物具有食物链般的不同阶段的秩序，低等阶段的存在会为成为高等阶段的存在而努力。

食肉动物是食草动物的形式。反过来说，食草动物则是食肉动物的质料，所以会被食肉动物吃掉，从而成为更高阶段的存在——食肉动物。这便是亚里士多德的观点。

亚里士多德认为包括动物在内的所有存在，都会为成为更高阶段的存在而不断努力。他还主张假如存在最高等阶段的、没有质料的纯粹形式，那它一定是神灵。

03

奉行中道就能变得幸福

在亚里士多德生活的时代，雅典等古希腊城邦正处于逐渐衰落的阶段。在这个时期，雅典不断遭受来自波斯帝国和马其顿王国的骚扰，最终被占领。

随着社会陷入混乱，各种流言蜚语乘机传播开来，就连哲学也不例外。

社会上突然冒出很多将荒诞的理论奉为真

理的人。他们便是所谓的智者派。智者派的普遍主张是："世上无绝对真理可言，所以人应该多为自己考虑。你们最好向我学习在论辩中胜出的方法，不过我这里收费并不便宜。"总而言之，智者们的这种说法对回答"人应该怎么活"的问题没有任何帮助。

亚里士多德一方面反对智者的思想，另一方面批判自己的老师柏拉图的思想。《尼各马可伦理学》可以说是最能反映亚里士多德这种哲学思想的作品之一。

我们可以从一个人的行为中看出那个人的德行，因此人们普遍认为自己的行为应该合乎理性。不当的行为一旦成为习惯就会破坏德行。卓越性也是如此。遇到问题时，总是会害怕躲避的人终将成为怯弱的人；而遇到问题时，总是能毫无畏惧地面对的人则终将成为鲁莽的人。另外，只喜欢做快乐事情的人终将成为无节制的人；而不喜欢做快乐事情的人则终将成为冷漠的人。因此，节制和勇敢必须适当，而这一德行则需要靠不偏不倚、无过无不及的中道来维持。

——摘自《尼各马可伦理学》

《尼各马可伦理学》作为承载亚里士多德思想的书籍，至今仍受无数人喜爱。对于亚里士多德来说，所谓的伦理显然更倾向于“应该如何活着”，而不是“应该活得善良”。

对于“人希望自己怎么活，人应该怎么活”的问题，亚里士多德表示“人应该活得幸福”。不过如此一来，又会引出“怎么活才是幸福的”的问题。对此，亚里士多德的回答是“要养成好的习惯”。

在这里，亚里士多德提出了一个概念——“卓越性”。卓越指的是“超出一般”，卓越性包含思想的卓越性和性情的卓越性两种。人想要活得幸福，性情的卓越性极为重要。亚里士多德认为，养成好的习惯就能造就卓越性。

想要获得卓越性，必须遵守中道。“中道”

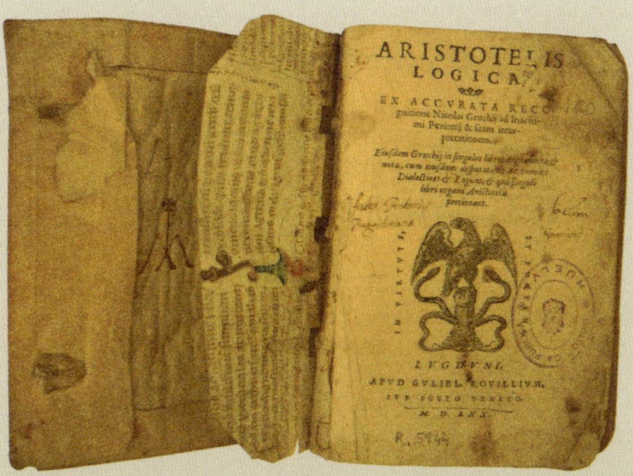

现存最古老的《尼各马可伦理学》成书

《尼各马可伦理学》是亚里士多德的儿子尼各马可整理的亚里士多德在吕克昂学院教学内容的书籍，是世界上最早的系统伦理学。“尼各马可”同时也是亚里士多德父亲的名字。据说，亚里士多德为了纪念自己的父亲才给儿子取名为“尼各马可”。

是指不偏不倚、无过无不及的状态。

例如，一个小朋友在回家的途中看到有人在欺负别人。他要不要不管三七二十一跑过去阻止呢？事实上，这么做不仅帮不了对方，反而可能会连累自己。因此，这是一种鲁莽的行为。那么，是否应该想着“不关我的事”而直接经过呢？这也是一种怯弱的行为。

那么遇到这种情况时，我们如何做才算是

勇敢呢？我们应该打电话报警或向老师反映情况。这种勇敢属于怯弱和鲁莽的中间，也就是不偏不倚的中道。

不过中道并不意味着始终都偏向中间的立场，它会根据人所处的情况发生变化。假如遇到上述情况的是一名警察，那他就会直接过去阻止打架。

中道具体有哪些呢？比如：狂妄和害羞的中道是谦逊；妄自尊大和妄自菲薄的中道是真实；放纵和麻木的中道是节制；鲁莽和怯弱的中道是勇敢。

亚里士多德认为养成中道的习惯并实践它，就能让人生变得幸福，而幸福便是人生的意义。

人想要变得幸福，就必须培养德行，想要培养德行，就得不断努力去实践中道。

亚里士多德表示为了幸福，即使再难，也要克制自己的情感、克服困难，有时还要为别

什么是中道

我是一位富翁。
你只是个穷光蛋！
妄自尊大
这很便宜，但很实用。
真实
我穷得叮当响。
妄自菲薄
我玩了多少天了？
放纵
我不能再玩下去了，我得看书。
节制
真不知道这些人为什么这么喜欢玩游戏。
游戏比赛
麻木
这个要买，那个也要买。
浪费
希望能给他们带来一些帮助！
捐款箱
宽厚
哼！我为什么要给你们钱？
请帮帮我们！
捐款箱
吝啬

人着想。他提出的不偏不倚的中道思想，也就是合乎伦理的人生便是幸福的思想，至今依然对我们产生深远的影响。

知识要点

- 亚里士多德批判自己的老师柏拉图的思想，认为实际存在的并不是理念世界，而是现实世界；同时主张事物由形式和质料构成。
- 亚里士多德认为一切存在都会朝着更高阶段不断变化，而导致变化的原因可以分为形式因、质料因、动力因及目的因。
- 亚里士多德主张奉行不偏不倚、无过无不及的中道就能获得更好的生活，这就是所谓的幸福。

名言名段

亚里士多德的名言名段

人应该从小对该高兴的事情高兴，对该伤心的事情伤心，这才是正确的教育。

——亚里士多德

01

人是天生社会性的动物

亚里士多德认为，人是天生社会性的动物，还强调人无法独自生存。事实上，这句话的原话是：“人是天生的政治性动物。”由于很多事情靠一个人很难解决，所以人会自然而然地建立政治共同体。而人只能在政治共同体中生活，所以自然而然地形成了国家。

国家存在的目的并不是为了统治国民，国

民建立了国家，所以国家理应为国民服务。国家是为了帮助国民过上幸福美好的生活而存在的。

那么国家可以干涉国民到何种程度呢？国家可以做的事情和不可以做的事情之间的标准又是什么呢？亚里多德认为，国家要以所做的是否服务于民作为其标准。

领导国家的政府形态有很多种，国王一人独揽无上权力的君主制、少数人统治国家的寡头制、根据国民意志领导国家的民主制，等等。这些政府哪个都有可能成为好的政府也可能成为坏的政府。重点在于前面所说的那样，是否能为国民服务。

同时，这三种政府各有各的优缺点。君主制缺乏可以限制王权的人，所以很容易形成暴政；寡头制极易形成只代表少数权贵阶层利益的局面；民主制则很容易因大众的错误判断导

古代民主制的发源地——古希腊雅典阿果拉广场

阿果拉是古希腊城邦中市民们汇聚的公共广场。如果说雅典卫城是宗教和政治的中心，那么阿果拉便是市民进行经济活动和艺术活动的场所。当时，城邦市民经常聚在阿果拉广场讨论和决定政策，这便是民主制的开端。

致像苏格拉底和亚里士多德这样的冤案发生，这两个人恰恰都是在民主制政府治理国家期间被人判以极刑的。

正因如此，柏拉图才会认为民众是愚昧无知的，而由这些愚昧无知的人组建的民主制政府更不可能治理好国家。

不过，亚里士多德认为，无论是何种政府，只要能够领导好国家就是好的政府，但倘若国家无法为国民创造幸福生活的条件，那么政府就应该受到批评。

02

自然界厌恶真空

亚里士多德曾说过："自然界厌恶真空。"

亚里士多德虽然对自然科学很感兴趣，但毕竟是生活在公元前4世纪的人，所以提出的很多理论并不符合现代的标准。而这里所说的"真空"并非指的是没有空气的那种真空，而是指构成世界的物质。

"世界是由什么构成的？"

这是古代哲学家们一直深思的问题之一。在古代，哲学家和科学家的分界并不是很明显，所以很多哲学家也会研究一些科学问题。人们称这种人为“自然哲学家”。

泰勒斯就是一位自然哲学家。由于没有水，生物就无法生存，所以泰勒斯[①]主张世间的一切物质都由水构成。后来，恩培多克勒提出世界由水、火、气、土四种元素构成。

许多年后，德谟克利特又提出了所有物质都由原子构成的原子说。不过假如所有物质都由原子构成，物质中就需要存在一定的供原子移动的空间。而这一空间，德谟克利特称之为“虚空（真空）”。在没有电子显微镜的情况下，能够提出这一判断无疑是有先见之明的。

---

① 泰勒斯（？—？）：古希腊哲学家，被誉为自然哲学之祖，主要研究自然的变化和运动原理。泰勒斯是第一个提及万物本源的哲学家，他主张万物的本源是水。另外，他还曾预测日食、测量金字塔的高度。

不过亚里士多德却否定了这种观点。他认为德谟克利特等原子论派别主张的原子可以移动的空间，即真空是不存在的。

亚里士多德也主张世界由水、火、气、土四种元素构成，但除了这四种元素之外，他还提出热、冷、湿、干等属性。此外，他还主张物质最终会消失，而这四种元素通过不同的结合方式构成了世间万物。在他看来，四种元素不是一成不变的，而是经常运动和变化的。

亚里士多德还主张人的身体同样由水、火、气、土四种元素构成，若是它们的数量和位置发生变化，就会引起一系列的反应，而这就是人生病的原因。

亚里士多德认为虽然地上的物质都由四种元素构成，但虚空还有第五种元素——以太。

亚里士多德提出的以太理论一直延续到19世纪，整整两千多年。但即使到了如今的21世

纪，人们也仍未能通过科学证明组成虚空的具体是什么物质。

趣味小常识

不可分的微粒——原子

德谟克利特（公元前 460 年？一公元前 370 年）是古希腊的哲学家。他认为自然界中的所有物质都是由一些十分微小的“基本构成要素”组成的。他认为假如不断切割物质，最终会剩下不可再分的坚硬微粒。他将这种微粒命名为“原子（atoma）”，其希腊语原意为“不能再分裂的”。这也是我们如今所使用的原子（atom）的词源。

但是德谟克利特的原子说一直被亚里士多德的四元素说压得不见天日，直到 2000 多年后的 19 世纪 80 年代，才被英国的物理学家道尔顿发掘出来，进而发展为现代原子论。随着道尔顿发表“所有的物质都由不再分裂的原子构成”的理论，德谟克利特于公元前 5 世纪前提出的原子说才重新受到人们的关注。

原子分裂引起的核爆炸

随着科学技术的发展，人们发现原子也可以分裂。位于原子中心的原子核在分裂时会释放出大量的能量，人们正是利用这种能量进行发电或研发出核武器。

03

我们重复的行为造就了我们

亚里士多德认为事物由形式和质料构成。那么人呢？对于人来说，灵魂就是肉体的形式。同时，灵魂又分为理性的部分和非理性的部分。

非理性的部分和理性的部分由于彼此的需求不一样，所以会经常出现分歧。而正是因为这些分歧，人才会生出“伦理是什么，人应该怎么活”的问题。

如果人能抑制自己的欲望，理性地行动

起来，倒也问题不大，但这并不是一件简单的事情。

奥林匹亚竞赛中最强大、最出色的人并不是国王或贵族，而是比赛中的夺冠者。人生亦是如此。最光荣、最善良的人就是正确地获得胜利之人。

——摘自《尼各马可伦理学》

重复的力量

鸟会通过不断重复衔来树枝的行为筑巢。亚里士多德强调，要想获得真正的幸福，就要不断重复正确的习惯。

亚里士多德所说的胜利是指灵魂的理性部分战胜非理性部分的情况。如此一来，理性的部分就能引导非理性的部分走向正道。

但若是不努力，什么都不做，非理性的部分就会忍不住跳出来。如果始终按照本性任意行事，我们会养成很多不好的习惯。因此，想要让自己变得有德行，就要不断重复正确的习惯。

出现一只燕子或维持一天风和日丽的天气，并不意味着春天已经到来。同样，任何事情都不可能一蹴而就。

“我们重复的行为造就了我们。”这句话的含义是只要不断付出努力就能达成目标，反过来，也可以理解为想要达成某个目标，就必须不断付出努力，同时重复一些行为。

知识要点

- “人是天生社会性的动物。”这句话的意思是人只有创建共同体并生活在其中才能获得更美好的生活。国家诞生的原因也在于此。
- 亚里士多德主张世界由水、火、气、土四种元素构成，同时物质中不存在真空，而虚空中还有第五种元素——以太。
- 人之所以能够正直地活下去，是因为灵魂中的理性部分战胜了非理性的部分。想要成为善良的人，不仅生活始终要充满善意，还要不断重复实践正确的习惯。

时事关联

好奇心理

亚里士多德是一个对所有事物都充满好奇的人。为了消除心中的好奇，他曾学习物理学、动物学、逻辑学、伦理学、诗歌、政治等各领域的知识。亚里士多德会告诉我们什么样的道理呢？

人生
时代
思想
名言
时事

01

深耕一隅就是专家吗

亚里士多德在哲学领域和科学领域都做出了巨大的贡献。尤其在生物学方面，可以说他是始祖级的人物。

在给生物分类时，我们往往会根据“界、门、纲、目、科、属、种”来划分。例如，人就属于动物界、脊椎动物门、哺乳纲、灵长目、人科、人属、人种。而最先进行这种分类的人

便是亚里士多德。尽管当时的分类层级不像现在这样详细，只有寥寥几种，但至少系统地划分了生物种类。

科学和哲学有着十分密切的关联。哲学是思考有关人类和世界的问题的学问。“什么是人”“什么是世界”“人和世界存在什么关系”“人是否可以认识世界”等便是哲学家思考的问题。到了现在，就连科学家也在思考这些问题，而且随着科学技术的发展，这些问题的答案也变得越来越清晰。

例如，对于“人是如何思考的”这个问题，哲学家研究了很长一段时间。这个问题差不多是人类研究哲学以来思考最多的问题之一，然而现代科学却能轻松回答出这个问题。

如果用MRI（核磁共振成像）拍摄人的大脑，我们就能知道人在思考时，大脑的哪些部位会活动。可见我们能通过科学手段解释人是如何思考的问题。

随着科学技术的发展，科学家得以解释很多古代哲学家思考的问题。如此一来，哲学和科学的分界线变得越来越模糊，而哲学家也不得不去了解科学。

科学家也是如此。因为即使科学再怎么发达有些问题也很难解释清楚，所以科学家也有必要去了解一些与哲学有关的问题。

例如，在基因克隆的问题上，敬畏生命的

思想再次被提及。倘若利用科学技术在实验室克隆出人类，那么这个克隆人和母体人类会有什么区别呢？可以确定的是，假如随意地在实验室克隆人类，那么人类的尊严必然会消失。

从这个角度来说，一个人即使再精通遗传学，也无法回答人类为什么需要尊严的问题，所以我们才需要学习哲学。也就是说，无论是哲学家还是科学家，只了解一个领域是不够的。

亚里士多德就曾为了满足自己的好奇心而探索数学、科学、哲学等多个领域。

如今的社会发展极为迅速，以至于人们不得不掌握大量的知识。而这就意味着一个人无法成为所有方面的专家。不过这并不是说我们可以不用去了解自己所掌握的专业以外的知识。俗话说独木难支，同样若是我们只学习一个领域的知识，生活中必然会遭遇很大的阻碍。

02

亚里士多德和柏拉图

柏拉图和亚里士多德虽为师徒，但在对艺术和理想国的看法上存在很大的分歧。

柏拉图主张我们周围的事物均为完整理念的摹本，而绘画、话剧等艺术则是对理念摹本的临摹，由于经过了两次临摹过程，所以不可避免地偏离了理念。这就使得柏拉图并不认可艺术的价值。在他看来，只有理念是有价值的，而艺术品不仅偏离了理念，还有可能歪曲理念。

我们如果对照着一朵花画画，这朵花便是花的理念的摹本，而画中的花则是花的理念摹本的摹本。如此一来，画中的花就偏离了花的理念许多，所以在柏拉图看来是毫无价值的。而毫无价值的事物又如何谈得上美丽呢?

柏拉图认为艺术会对欣赏它们的人产生不好的影响。他觉得人应该理性地思考和对待理念，不应该做出看着话剧流泪等无意义的行为。

柏拉图表示如果一定要欣赏话剧或音乐，最好选择内容勇敢和健康的，不要选择让人大喜大悲的作品。

即使是古希腊神话，在柏拉图看来也没有什么意义。例如，当时比较流行的以古希腊神话为题材的荷马史诗《伊利亚特》《奥德赛》。

柏拉图认为神应该成为人的榜样，但古希腊神话中的神会相互攻击、欺骗，甚至会分成不同的阵营干涉人类的战争。如果阅读这些故事，人们显然不会对神产生敬仰的心理。

就像批判老师柏拉图的理念论一样，亚里士多德对艺术也有不同的看法。他觉得艺术是积极的。他对艺术的看法，我们可以在他的作品《诗学》中看出来。在这部作品中，亚里士多德不仅写诗，还谈论对包括话剧和诗歌在内的整个艺术领域的见解。

那么，亚里士多德是如何看待话剧的呢？事实上，他十分重视观赏悲剧，也就是悲伤话剧产生的“净化作用（catharsis）”。净化的原意是“道德上的纯化；宗教上的清洁和赎罪”。另外，它还具有宣泄的意思。而亚里士多德所说的净化则包含了上述的两种概念。

悲剧能够消除观赏之人平时隐藏在心中的悲伤、怜悯、恐惧等情感，从而让灵魂得到净化，这就是所谓的净化作用。宣泄可以理解为发泄。亚里士多德认为将这些情绪发泄出去会让人感到心情舒畅。

以悲剧《俄狄浦斯王》为例。主人公俄狄浦斯是底比斯的一名王子。底比斯的国王曾得到关于俄狄浦斯的神谕。通过神谕，国王得知俄狄浦斯长大后会杀死国王，再与王后结婚。

国王大惊失色，立即命人将王子俄狄浦斯扔掉，但受命的牧羊人却将王子带到一个名为

科林斯的国家，成为那个国家的王子。俄狄浦斯长大后同样接到神谕。神谕的内容是自己会杀死父亲，然后与自己的母亲结婚。

俄狄浦斯担心神谕会实现，便决定远离是非之地。然而在离开的途中，他与一位老人发生争执并不小心将对方杀死。难以置信的是，这位老人就是他的父亲。当然，父亲和儿子并不知道彼此的身份。神谕就这样灵验了。俄狄浦斯为了躲避命运拼命挣扎，却终究无法靠人力改变命运。

在观赏这种悲剧时，观众会对无法抵抗的命运产生怜悯和恐惧心理。而通过这种怜悯和恐惧来净化情感便是净化的作用。亚里士多德认为这种情感的净化就是艺术的价值所在。

反观柏拉图则认为，话剧会刺激人的情感，让人兴奋起来，所以并不是什么好东西。亚里士多德却觉得悲剧固然会刺激人的情感，但会通过净化的作用解开人心中的郁结，让人的心境得到升华。

亚里士多德曾用一句话来定义悲剧。

> 悲剧是对于一个严肃、完整、有一定长度的行动的模仿，它会焕发人心中的怜悯与恐惧，并以此来净化情绪。
>
> ——摘自《诗学》

柏拉图批判悲剧是对作为理念摹本的现实之事的再次临摹。他认为无论是绘画、音乐，还是话剧，都不过是对摹本的再次临摹而已。亚里士多德则认为悲剧并不是在临摹曾经发生的事情和如今发生的事情，而是在临摹未来可能发生的事情。

可以说柏拉图和亚里士多德看待悲剧的差异是源于他们对理念的观点的差异。

柏拉图认为要想建立理想国就必须让熟悉国家理念的智慧之人来治理国家。他所指的智慧之人便是哲学家，即哲人。因此，我们也称柏拉图的国家论为“哲人国家论”。

柏拉图认为大部分人都不睿智，所以不应该让普通人参与政治。这也是他反对民主制的原因。另外，他还主张国家的构成人员应该分为统治阶级、战士阶级及生产阶级，每个人都应该在各自的位置上做好自己的本职工作。位于最上层的统治阶级是负责治理国家的统治者；其下面的战士阶级是负责保家卫国的战士；而位于最下面的生产阶级则包含不属于上述两个阶级的农夫、渔夫、技术工人等普通市民。

由于负责的事情不一样，所以三个阶级所接受的教育内容也不相同。重要的是上层的阶级有可能滑落到下层的阶级，但下层的阶级绝对无法上升到上层的阶级。不管拥有多么出色的能力，生产者只能永远停留在生产阶级。而上层的阶级如果在接受教育的过程中表现出能力不足时，则有可能下滑到下层的阶级。

给人分等级的情况有可能会导致其中的某些人心生不满，柏拉图认为，要对这些人进行洗脑，他表示要给他们讲述虚假的神话故事，从而让对方明白人在出生前就已经确定金种、银种、铜种等不同身份的事实，如此一来，他们就会乖乖地接受自己的命运。

不过这也无法保证万无一失，所以上层阶级要严密地监视下层阶级。以今天的观点来看，柏拉图的这种主张确实存在很多不合理的地方，但柏拉图也曾提出过一些走在时代前面的主张。比如，男女平等的思想。柏拉图认为女性有着与男性一样的能力，只是力量不及男性而已。在只有男性才能参政而女性毫无权利可言的当时来说，这种思想无疑是十分超前的。而亚里士多德则认为女性跟奴隶一样，是没有权利参与政治的。

柏拉图认为理想中的国家应该由哲人来治理，但亚里士多德却认为理想中的国家有很多种，具体要看那个国家所处的情况。另外，亚里士多德还批判柏拉图的国家论是一种不切实际的空想。

亚里士多德主张无论政府的形态是民主制还是君主制，只要能够让国民幸福，那就是好政府，但若是政府昏庸无能，国民则要站出来进行批判和矫正。不同于柏拉图的观点，亚里士多德认为国民应该监视国家。

无论是柏拉图的国家论还是亚里士多德对国家的看法，作为两千多年前的观点都不适用于如今的社会。但他们看待国家的标准都是源于“如何才能让国民生活得更好”的思想。从某种角度来说，如今的国家也不见得已经找到这一问题的确切答案。

可以说从今往后，只要是作为社会性动物的人组成国家一起生活，人们对于“该维持何种秩序”的思考就会永远持续下去。那么，究竟什么样的国家才是最理想的呢？

通过亚里士多德的故事学习哲学

东方文化的核心在于和谐，所以非常重视人际关系；而西方发展出来的则是不顾及别人也能工作的个人主义形式。

美国密歇根大学的心理学教授理查德·尼斯贝特在自己的作品《思维版图》中指出西方人和东方人的思维差异源于古希腊和古代中国生活方式的差异。

古希腊位于地中海东部，连绵不绝的山岭河川将陆地隔成小块，使得权力难以集中的城邦制度兴盛，城邦之间的迁徙和贸易极为活跃，拥有不同思维和习惯的人经常会接触到，因此在市场或政治集会中对立和争论便占据了人生的重要部分。

相比之下，东方的古代中国则在广阔、肥沃的平原上实现中央集权，形成等级分明的社会。百姓世世代代生活在同一个地方，以种植需要协同作业的谷物为生，因此与邻居之间的合作和和睦相处便成了人生中的重要部分。

如此一来，古希腊哲学自然会严格区分我和我之外的、人和自然、一个事物和其他事物等，然后努力去寻找支配它们的法则。长此以往，人们为了更加深入了解被划分的对象而将其进行归类，从而发展出根据不同逻辑规则进行分析的思考方式。

而东方哲学认为世间一切存在都相互关联，所以相较于寻找各自的意义，更侧重于掌握在不断变化的局面中相互关联的职责和义务等规则，从而努力实现共同体生活的和谐和秩序。

数千年的生活方式差异造就了东方人和西方人之间世界观的差异，并且一直延续至今。

如果说东方人是以“关

系”为中心看待世界，那么西方人就是根据“范畴”来看待世界。西方人的这种世界观经过古希腊的苏格拉底、柏拉图及亚里士多德的哲学得到完善，而这也可以看作是西方哲学的起始。

其中亚里士多德发展的“范畴”对西方人拥有逻辑性、分析性和思考方式产生了极大的影响。这里所说的范畴可以理解为归类。

例如，“柏拉图的猫”，东方人会以柏拉图和猫的关系为中心进行表达，而西方人则以范畴的形式进行解释。

亚里士多德发展的范畴是将一个实体放在中心，然后通过区分它的各种形态来进行表达。即将一个事物分为性质、量、关系、时间、场所、位置、状态、主动、被动九个范畴。

若是再加上作为事物本身的“实体”，一共就是十个范畴。对于“柏拉图的猫”，我们便可以描述为猫的性质温顺；量是5公斤；关系是隶属于柏拉图；时间是早上9点；场所是前院；位置是在柏拉图面前；状态是饱腹；主动是摇着尾巴；被动是在被抚摸。

亚里士多德正是利用十个范畴看待世界，人们将这种方法称为“分析法”，同时为了让被分类的范畴更好联系起来而强调逻辑的重要性。

因此，西方的思考方式具有分析性和逻辑性。

总的来说，西方这种分析性和逻辑性的思考方式是通过亚里士多德整理和发展出来的。而这种思考方式为日后西方社会科学技术发展做出了巨大贡献。

历史中的亚里士多德

	西方	亚里士多德	东方
公元前403年			中国，战国时代开启。
公元前399年	古希腊，苏格拉底喝下毒酒去世。	▲《苏格拉底之死》| 圣康坦，1762 年作	
公元前386年	古希腊承认小亚细亚属于波斯。		
公元前385年	古希腊，柏拉图创建阿卡德米学院。		
公元前384年		出生于色雷斯的斯塔基拉。	
公元前372年			中国，孟子诞生。
公元前369年?			中国，庄子诞生。
公元前367年	▲柏拉图（左侧）和亚里士多德	17 岁时去雅典留学，并进入阿卡德米学院，得到柏拉图的指点。	
公元前356年	马其顿王国，亚历山大大帝诞生。		
公元前347年?	古希腊，柏拉图去世。	37 岁时离开阿卡德米学院，前往特洛伊附近的阿索斯。	
公元前345年		39 岁时移居到莱斯沃斯群岛上的米蒂利尼，并在那里研究海洋生物的生态。	

	西方	亚里士多德	东方
公元前343年		41 岁时，成为马其顿王国王子亚历山大的老师。	
公元前338年	马其顿王国，腓力二世击败雅典和底比斯联军，掌控古希腊。	 ▲腓力二世	
公元前336年	马其顿王国，腓力二世去世，亚历山大继承王位。		
公元前335年		49 岁时回到雅典，创建吕克昂学院。	 ▲位于埃及的金字塔
公元前334年	马其顿帝国，亚历山大大帝开启希腊化时代。	 ▲《亚历山大大帝进入巴比伦》| 勒布伦，1665 年作	
公元前332年			埃及，被亚历山大大帝征服。
公元前327年			印度，遭遇亚历山大大帝入侵。
公元前323年	马其顿帝国，亚历山大大帝去世。	61 岁时，因不敬神罪被起诉，离开雅典，前往哈尔基斯。	
公元前322年		62 岁时，留下《修辞学》《尼各马可伦理学》《诗学》《政治学》等作品离世。	印度，旃陀罗笈多建立孔雀王朝。

QUIZ

亚里士多德认为一切存在都会朝着更高阶段的目的转变。说到“目的”，大家会联想起什么呢？

请写一写你的想法。

苏格拉底、柏拉图和亚里士多德的思想至今依然影响着西方思想。2500 多年前的思想为什么拥有如此大的影响力呢?

请写一写你的想法。

Important Message

只喜欢做快乐事情的人终将成为无节制的人；不喜欢做快乐事情的人则终将成为冷漠的人。因此，节制和勇气必须适当，而这一德行则需要靠不偏不倚、无过无不及的中道来维持。

抄写一遍这句名言，思考一下它的含义。

我们重复的行为造就了我们。

抄写一遍这句名言，思考一下它的含义。

Important Message

人是天生社会性的动物。

抄写一遍这句名言，思考一下它的含义。

文 | Goodwill 哲学研究所

Goodwill 哲学研究所创立于 2006 年 10 月。创立人员主要以哲学教育和研究经验丰富的教师为主。他们的宗旨是为小学、初高中生及一些哲学论述教育家们，提供关于创意性思考能力的优质教育内容。Goodwill 哲学研究所以专业的学问为基础，横跨人文和自然领域，致力于传播当今哲学和论述教育所需的整体性、综合性的知识。

※ Goodwill 意为善意，相信人性本善，所以在为每个人都能活出个人样而努力。

研究委员

金南寿（毕业于延世大学哲学专业、Goodwill 哲学研究所所长）

金东国（首尔大学美学硕士）

金彩林（首尔大学美学硕士）

李静雅（延世大学英国文学教师）

朴启浩（高丽大学教育学硕士）

夏金红（东国大学物理学硕士）

徐志英（中央大学德国文学博士）

韩正阳（江原大学韩语教育学硕士）

图 | 崔尚奎

曾荣获 LG 东亚国际漫画展、韩国出版美术家协会插画家大奖赛传统童话奖项，现活跃在卡通、漫画、插画等多个领域。

角色设定 | 刘南英

毕业于漫画专业，活跃在角色设计和插画领域，致力于给人们传播快乐、梦想及希望。

图字：01-2022-5699

图书在版编目（CIP）数据

像哲学家一样思考．第一辑．亚里士多德 / 韩国 Goodwill 哲学研究所编著；千日译．— 北京：东方出版社，2023.3
ISBN 978-7-5207-2073-1

Ⅰ．①像… Ⅱ．①韩… ②千… Ⅲ．①亚里士多德 (Aristotle 前 384- 前 322) —哲学思想—青少年读物 Ⅳ．① B-49

中国版本图书馆 CIP 数据核字 (2022) 第 221554 号

像哲学家一样思考（第一辑）：亚里士多德
XIANG ZHEXUEJIA YIYANG SIKAO DI YI JI : YALISHIDUODE
作　　者：［韩］Goodwill 哲学研究所
译　　者：千日

策划编辑：鲁艳芳
责任编辑：王晶晶
出　　版：東方出版社
发　　行：人民东方出版传媒有限公司
地　　址：北京市东城区朝阳门内大街 166 号
邮　　编：100010
印　　刷：天津图文方嘉印刷有限公司
版　　次：2023 年 3 月第 1 版
印　　次：2023 年 3 月北京第 1 次印刷
开　　本：880 毫米 ×1230 毫米　1/32
印　　张：3.75
字　　数：36 千字
书　　号：ISBN 978-7-5207-2073-1
定　　价：180.00 元（全 6 册）
发行电话：（010）85924663　85924644　85924641

为什么要学习

培根

[韩] Goodwill 哲学研究所 / 编著
千日 / 译

人民东方出版传媒
People's Oriental Publishing & Media
東方出版社
The Oriental Press

目 录

人生轨迹

野心家培根

时代背景

生活在变革的时代里

思想理念

知识是人生的武器

名言名段

培根的名言名段

时事关联

科学的发展是否是最优解

ffra Bacon

“

真正的学者应该像蜜蜂一样，从花朵上采集花粉，自己消化这些材料，然后酿成香甜的蜜。

”

培根很聪明，

他喜欢权力，

也喜欢金钱，

他迎合时代，通过趋炎附势满足自己的野心，

但也因此耻辱地失去了权势。

那么，培根给如今的我们

留下了什么呢？

他说“知识就是力量”的真正意义是什么呢？

现在，让我们进入打破陈旧哲学观念的

培根的哲学故事中一探究竟吧。

Knowledge is power.

Francis Bacon

人生轨迹

野心家培根

培根不仅是确立英国经验主义的代表人物，还是一位哲学家和法学家。

此外，作为政治家，他不仅当选过国会议员，还担任过一段时间的大法官，可谓是享誉盛名。

不过他的一生真的如同上面所说的那样一帆风顺吗？

人生
时代
思想
名言
时事
NEWS

01

扭曲的野心

弗朗西斯·培根（Francis Bacon）1561 年出生于英国伦敦。他的父亲是一名掌玺大臣。要知道，象征国王权力的国玺可不是寻常人能够掌管的，可见培根的父亲是一名位高权重的官员。

培根从小聪明伶俐，自幼便在母亲的教导下接受希腊语和拉丁语的教育，后来以 12 岁的年纪进入英国名校剑桥大学学习。他出身贵族，小小年纪就能进一所名校读书，成为众人羡慕的对象。

在剑桥大学，培根首次接触到源于亚里士多德哲学的经院哲学。经院哲学是当时西欧哲学界的主流思想，但培根十分厌恶这一点，他认为哲学理应是一门探讨“人类幸福”等直接问题的学问。

剑桥大学三一学院

培根在剑桥大学三一学院攻读古希腊、古罗马古典文学。

然而亚里士多德的哲学与现实相去甚远。

这种想法也使得他日后创作出一部批判亚里士多德《工具论》的作品——《新工具》。

在剑桥大学仅上了三年的课，培根就放弃学业，作为英国大使的随行人员前往巴黎。当时，法国是整个欧洲的政治、哲学及科学的中心。培根在旅居法国的日子里，积累了很多关于政治和哲学的经验。

两年后，培根收到父亲去世的噩耗，不得不返回英国。父亲的突然去世给培根的生活带来了巨大变化。最大的变化就是他没能继承父亲的财产，从而生活陷入贫困。为了生计，他成为一名律师。

培根是一个十分向往权势和金钱的人。父亲去世后，他一直找人资助自己。后来在大伯的帮助下，他在23岁的年纪就成为了一名国会议员。

传闻培根对当时的英国女王——伊丽莎白一世百般讨好。他还曾写过多篇文章献给女王，但并没能得到女王的重视。

另外，也有传言说培根的赞助者中有一位埃塞克斯伯爵，此人曾多次出手为培根解决麻烦，还给他经济上的帮助。但后来伊丽莎白一世诬陷埃塞克斯伯爵有叛逆罪时，培根不仅没有伸出援手，反而站在女王那边揭发埃塞克斯伯爵的“罪行”，使得对方最终被处死。

伊丽莎白一世的继任者是詹姆斯一世[①]。也是从这个时候起，培根的仕途开始平步青云、扶摇直上。

在当时的英国，国王和议会尚势均力敌。众所周知，如今的英国女王或国王并没有实权，

① 詹姆斯一世（1566—1625）：伊丽莎白一世去世后，由于没有子女，所以由詹姆斯一世继任王位。后来为了加强王权，詹姆斯一世推动司法、行政、教会制度方面的改革，但因贵族势力的反对惨遭暗杀。

只具备象征性的意义，所有权力都集中在以首相为中心的议会手中。我们称这种制度为君主立宪制。

但在当时，国王依然是国家的最高统治者，而议会则处于逐渐蓄积力量的历史时期。就在詹姆斯一世当政的时期，培根利用自己的文笔发表过很多赞美国王的文章。

另外，培根还具有辩论和演讲方面的出色才干，以至于作为培根同代人的剧作家——本·琼森也曾表示说："听培根的演讲，人们都不希望他的演讲结束得太快。"

得益于此，培根先是从副检察长升任首席检察官，之后又被提升为掌玺大臣，最后还被委任为大法官并受封为奥尔本斯子爵。贵族爵位最高为公爵，其下依次为侯爵、伯爵、子爵及男爵。

虽然有政治野心算不上多大的缺点，但培

根最大的问题在于他十分贪财。传闻他在担任大法官期间曾因受贿罪被人告上法庭，其罪名竟多达 28 条。

英国王权的象征——伦敦塔

“征服者”威廉一世为保卫和控制伦敦而建立的军事要塞。伊丽莎白一世和她的母亲安妮·博林都曾囚禁于这座塔。

曾经的党争对手、法官科克指控培根受贿，使得培根的罪行渐渐浮出水面，28条罪名中有21条被证实，至于剩下的7条罪名也只是找不出证据，并不能说明是诬告。

最终，培根被法庭判处罚金4万英镑，监禁于伦敦塔，同时官职也被罢免。尽管后来通过贿赂的手段，被免除罚金和监禁，但此时的培根已经彻底失去东山再起的机会。

从那以后，培根远离官场，开始专心从事学术研究和理论著述。

脱离政治生涯之后，培根的创作变得更加活跃。他生前发表的著作包括《学术的伟大复兴》《新工具》《新大西岛》《培根随笔》等多达60多部。

趣味小常识

批判《工具论》——《新工具》

培根的《新工具》是对亚里士多德《工具论》的批判和继承。这里所说的“工具”可以理解为“把逻辑学作为研究学术的工具”。

亚里士多德是逻辑学的奠基人，因此，其后的科学家们认为他建立的逻辑学理论十分完美。与科学等其他领域学问一样，亚里士多德的逻辑学自中世纪到17世纪一直都被视为真理。

然而培根却对这些旧理论始终抱有怀疑。于是他针对亚里士多德的代表作《工具论》写下了一部带有批判性质的作品《新工具》。

在作品中，他否定亚里士多德为了获得知识而使用的演绎法，提出了通过观察和实验获得知识的归纳法。此外，他还在书中提及阻碍人类知识进步的四种偶像。

《新工具》封面

《新工具》还有一个副标题，叫作“解释大自然的正确指导”。

02

培根梦想中的乐园

远离官场后，培根开始深居简出，专注于学术研究和理论著述。

在培根看来，有助于提高人类生活水平的才是真正的学问。因此，他十分重视科学，坚信科学的发展才能复兴人类。最能体现他这种思想的作品便是《新大西岛》。

传闻大约一万年前，地球上存在一座名为

相信地心说的培根

培根虽然否定亚里士多德的思想，但又未能完全摆脱亚里士多德的思想。例如，他否定日心说，相信地心说。

亚特兰蒂斯（大西岛）的神秘大陆。

要知道一万年前可是以使用磨制石器为标志的新石器时代。

但相传亚特兰蒂斯是一个资源丰富、文化发达的地方，而由于遭遇地震和火山爆发，整个文明一夜之间在地球上消失了。

事实上，所谓的亚特兰蒂斯的概念只存在于苏格拉底的弟子——柏拉图的作品中，而其他文献中根本没有关于亚特兰蒂斯的记录。

但截至今日，依然有关于它的传说流传下来，甚至很多人都相信它的存在。因为他们认为亚特兰蒂斯是一个“乌托邦”——最完美的国度。

对于当时的培根来说，亚特兰蒂斯同样是一个理想中的国度。后来有一天，培根产生了这样的想法：

“若是空想的国度真的存在会如何呢?”

于是培根开始想象能够飞翔在天空的机械和在大海中潜航的轮船，并打算描绘出它们所属的新世界。这便是培根创作《新大西岛》的初衷。

这本书的主人公在大海中航行，过程中遭遇风浪导致船只被毁，最终漂流到一座陌生的岛屿。这座岛屿的名称便是“新大西岛”。

新大西岛上有一座“所罗门研究所”，里面有 36 位科学家。这些科学家研究出可以飞行的

机械、水下航行的船只、预测地震和洪水的仪器等装置。

这本书中还提及一种能够将动物放大或缩小的方法。从某种角度上来说，这也可以看作现在的基因工程技术。

此外，培根在这本书中还想象出吃过一次就能长时间不会感到饥饿的食物、人工降雨等内容。

书中的科学家们表示："自己研究科学的理由是为了探索事物中隐藏的原因和作用，从而扩大人类的活动领域，并改变事物使其符合人类的需求。"而这，也是培根想要表达的思想。即《新大西岛》所描绘出来的世界便是培根想象中的"乌托邦"。

科学极度发达、没有治不好的病、没有吃不饱饭的人的世界——这就是培根所向往的世界。

1620年，培根刚推出《新大西岛》时，很多人都嘲笑他。然而在之后的很长一段时间里，这本书却作为引导近代哲学发展的里程碑，受到人们的广泛关注。

03

夺去生命的实验

1626年，这一年培根65岁。当时，他正与朋友一起坐车经过伦敦北郊。由于是冬天，路边堆着很多雪。看到这些积雪，培根突然觉得它们有点像堆起来的盐。于是培根想到：

“储存生肉的时候，为了防腐，我们会在上面撒盐。那么，假如用这些冰冷的雪来代替盐，结果会如何呢？能不能像撒盐后一样可以防止腐败、长久保存呢?”

按照培根的性格，做实验时，必须亲自实践，否则无法安心。于是培根走下马车，买来一只鸡，埋到雪地里，然后守在一旁不眠不休地观察它的变化。

最终，培根因这天的事情感冒加重，导致引发肺炎，不幸去世。

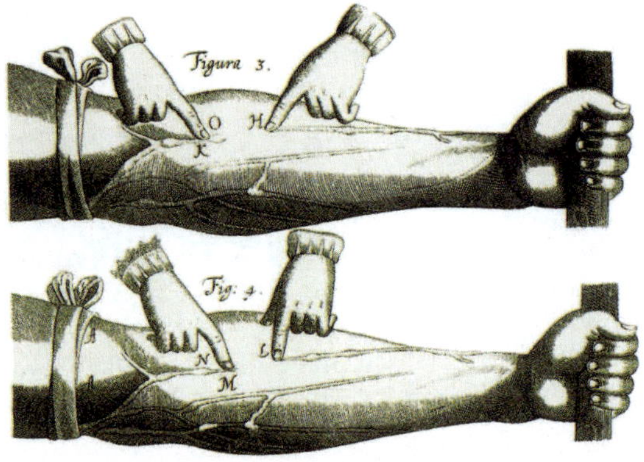

血液循环的发现

培根的经验主义思想同样为医学的发展起到深远的影响。血液循环的发现就是一个很好的例子。上图是英国医生威廉·哈维发表于1628年的《心血运动论》中的实验内容。实验中，哈维用绳子捆扎手臂的方式，证明了血液循环的存在。

培根坚信科学的进步能改变人们的生活，因而十分重视科学，但对科学的热忱却导致了他的死亡。

历史上，除了培根之外，因为实验而丧命的科学家例子屡见不鲜。

例如，玛丽·居里就是因长期研究放射性物质而得白血病去世。另外，还有一些科学家则为了研究化学药品的性质，品尝药品的味道，最终死于药物中毒。

导致这些悲剧发生的根本原因是对于实验材料危险性的未知，但他们对于科学研究全身心投入的热忱值得我们致以最崇高的敬意。

知识要点

- 培根作为哲学家，创立了英国经验论，堪称伟大；但作为政治家，他的仕途却遭到人们的批判。
- 培根重视科学，认为科学发展能够提高人类的生活水平。这一点在他的作品《新大西岛》中展现得淋漓尽致。

时代背景

生活在变革的时代里

经过伊丽莎白一世的励精图治，当时的英国在工业、经济、文化、科学等方面都取得了辉煌的成就。

而在以意大利为中心、涌现无数天才的文艺复兴时代里，培根又获得了什么样的灵感呢？

01

伊丽莎白一世和英国的繁荣

要弄清培根生活的时代，我们有必要先了解一下伊丽莎白一世。伊丽莎白一世是英国历史上公认的最杰出的帝王之一，其治国能力放在全世界国王当中也是数一数二的。

而培根生活在伊丽莎白一世和她的继任者詹姆斯一世统治的时代。在这两位国王中，伊丽

伊丽莎白一世
（1533—1603）

莎白一世对英国的繁荣起到了决定性作用。她为日后英国工业革命的兴起和成为拥有庞大殖民地的“大英帝国”奠定了坚实的基础，因此被人们誉为“大英的太阳”。

幼时的伊丽莎白虽然贵为英国公主，但生活并不幸福。她的母亲是英国国王亨利八世的第二任妻子，由于没能生下男婴而与亨利八世心生嫌隙，最终被扣上“谋反罪”的帽子而处死。

在宫廷中，第一任王后的女儿，同父异母的姐姐玛丽公主一直敌视伊丽莎白，甚至在她身边安插亲信进行监视，伊丽莎白在宫中过得并不如意。

后来亨利八世又换了好几任妻子，终于如愿以偿得到儿子。由于英国的王位继承顺序中男性高于女性，所以王位第一顺位继承人是伊丽莎白同父异母的弟弟；第二顺位继承人是姐姐玛丽；而她本人则是第三顺位。

总的来说，当时的伊丽莎白成为国王的机会十分渺茫。但是亨利八世死后，陆续成为国王的弟弟和姐姐，都在坐上王位没多久就相继离世，伊丽莎白最终在25岁时登上英国女王的宝座。

对于伊丽莎白成为英国女王，英国人民也是乐见其成的。其理由不仅是因为伊丽莎白从小吃苦受罪，引发他们同情，也因为伊丽莎白是出了名的聪明伶俐、博学多才。最关键的原因，是他们相信伊丽莎白能够终结宗教分裂导致的社会混乱。

当时的基督教分裂为天主教和新教。新教为了改革天主教的腐败状况而分离出来，两教之间的关系势同水火，流血事件时有发生。

原本英国的国教是天主教，但亨利八世在教会反对自己离婚后，便建立了一个新的宗教——圣公会。

圣公会是脱离天主教而创立的教会，属于新教。可是亨利八世死后，继位的玛丽一世是一名狂热的天主教徒，加上小时候因为母亲的离婚问题而对新教有着刻骨铭心的仇恨，所以登基后立即将天主教重新定为国教，从而进一步激化两教之间的矛盾。

玛丽一世继位后立即展开重归天主教的政策，同时镇压、屠杀大量新教教徒，其手段之残酷，令很多人称她为“血腥玛丽”。

不同于玛丽的高压政策，伊丽莎白一世在强调圣公会为国教的同时，接纳天主教和新教，从而缓和了不同宗教之间的矛盾。

此外，为了发展经济，伊丽莎白一世实施重商主义政策，保护和发展新型手工业，鼓励出口贸易。正因如此，英国的海上贸易发展得极为迅猛。而为了保障海上贸易的安全，伊丽莎白一世又大力发展海军舰队。

当时英国舰队的实力十分强大，也只有西班牙的舰队能与之比肩。当时的西班牙舰队有着“无敌舰队”的称号。

英国和西班牙不仅在贸易、军力方面暗中较劲，又由于分别信仰新教和天主教，彼此之间的关系十分紧张。后来随着英国在海外大肆发展殖民地，西班牙对它的态度变得更加警惕。最后，一件大事发生了。

此时，伊丽莎白一世的表亲——苏格兰女王玛丽亡命英国。伊丽莎白一世对玛丽女王百般照顾，但玛丽女王不仅不知道感恩，反而图谋伊丽莎白一世的王位，意图造反，事发之后被处决。

玛丽女王是天主教信徒，而且与西班牙走得很近，所以西班牙便以此事为借口，对英国发动了入侵。西班牙的菲利普二世为此次战争动员了海军 8000 人、陆军 19000 人及 127 艘军舰。

反观英国，仅有 80 艘军舰和 8000 名士兵，却以寡敌众，最终获得了战争胜利。获得此次胜利

后，英国以此为契机，迅速将自己的势力扩张到全世界。

如之前所说，在伊丽莎白一世时代，英国的国力得到增强、经济得到发展，使得社会安定，自然而然也带动了文化的发展。英国著名剧作家——莎士比亚[①]便是活跃在这个时代。当然，培根的哲学理论同样也是这个时代的成果。

① 莎士比亚（1564—1616）：莎士比亚是英国的剧作家、诗人，为后人留下包括喜剧和悲剧在内的37部戏剧和许多部诗集。他的代表作有：《罗密欧与朱丽叶》《威尼斯商人》《哈姆雷特》等。

趣味小常识

改变世界的工业革命

18 世纪末 19 世纪初，西方世界迎来了翻天覆地的变化。最大的变化就是农村和农场变成了城市和工厂。在工厂，人们凭借机械用远超之前手工业生产的速度制造出大量的商品，这便是工业革命。

工业革命始于 18 世纪 60 年代至 19 世纪 40 年代期间的英国，然后迅速传播至欧洲、美国、俄罗斯等地区。早在伊丽莎白一世时期，英国就已经做好产业布局，为工业革命的爆发奠定了基础。

英国的工业革命最初始于纺织业。

以前，人们只能在家中纺线织布，但随着纺纱机的发明，纺纱的速度快了好几倍。后来，人们又发明出快速织布和采棉花的机器。简单来说，就是一个发明创造出另一个发明，同时一个产业的发展带动了无数产业的发展。

工业革命的象征——巴特西火力发电站

巴特西火力发电站位于工业革命中心的伦敦市中央地带。这座发电站自 1986 年停工后未再投入发电。

02

科学革命的时代

伊丽莎白一世时期，包括英国在内的欧洲各国，科学技术得到了蓬勃发展。这一翻天覆地的变化，被后世称为“科学革命”。其最典型的代表便是哥白尼的日心说。

在哥白尼提出日心说之前，人们一直相信地球才是宇宙的中心，包括太阳和月亮在内的其他星星都是绕着地球转动的。然而哥白尼的主张直接颠覆了这种观点。

对于当时的人们来说，日心说无疑是一种极具冲击性的假说。毕竟谁能想到自己踩着的地面会不断转动呢?

在这个时期活跃的科学家有伽利略、开普勒、培根、笛卡尔、牛顿、帕斯卡、斯宾诺莎、莱布尼茨等，而且他们多半都是研究范围涵盖哲学、科学、数学等领域的全才。例如，笛卡尔本身是数学家，但又对宇宙很感兴趣，因此也曾创作过关于天文学的书籍。

当然，现代也有爱因斯坦、斯蒂芬·霍金等不输于他们的天才，但像他们那样精通多个领域的“文艺复兴人”并不多。

“文艺复兴人”指的是不局限于一种领域，而是研究多个领域的文艺复兴时期的全才。

文艺复兴时期是指14世纪至16世纪欧洲文化百花齐放的时代，而在这个时期活跃的列奥纳多·达·芬奇就是人们公认的最典型的“文艺复兴人”。

现在不同于过去，学问的领域划分已十分清楚，想要精通一个领域就需要学习该领域的很多知识，所以很少会有所谓的“文艺复兴人”。

西方的科学革命出现于17世纪前后。哥白尼虽然生活在15世纪，比科学革命出现的时间要早很多，却是科学革命不可或缺的重要人物。

包括地心说在内，当时人们信以为真的知识，大多是从古希腊时代开始一直流传至文艺复兴前期的，已传承了近两千年。而当得知信奉了两千年的真理是错误的时候，人们受到的冲击是十分巨大的。

尤其得知自己所生活的地球是一个不断旋转的球体时，人们都不知道究竟该相信哪一套理论。

不过人们为何相信地心说如此之久，却不曾怀疑过呢？

在西方，直到中世纪，人们根本没想过要去怀疑包括亚里士多德在内的众多哲学家和科学家们提出的理论。

唯有培根，主张有必要怀疑一下那些人们

一直认为理所当然的东西，在此基础上，秉持通过观察和实验验证真伪的态度，最终才使得科学得以向前发展。

日心说在当时引发轰动的另一个原因是宗教。当时的中世纪社会受宗教支配，教宗的权力甚至比国王的权力还大，人们遵从神的旨意，对神父的话自然也是言听计从。

当时的宗教界对地心说深信不疑。神父明明表示“神说地球是宇宙的中心”，却有人跳出来反驳说：“什么？不对啊。按照我的观察，地球是绕着太阳运转的。”那这个人肯定就要受到惩罚了。

事实上，哥白尼本人也是一名神父，而且还是一名极为虔诚的信徒。虽然他与其他神父的关系也很好，但依然认为日心说更符合神的旨意。

据说，哥白尼所撰写的关于日心说的书籍

由于担心教会的反对，直到临终前才决定将其出版，因此他本人并没有因日心说而遭受磨难。反倒是他之后的一位科学家，因日心说被宗教裁判所审判。这个人便是伽利略。

传闻在哥白尼时期，日心说的影响并不是很大，因此他才能有惊无险地躲过一劫。

但随着时间推移，日心说开始逐渐被人们所接受，宗教界开始慌乱，神父们这才意识到不能再放任这一论调。

对于因日心说受到牵连的人，人们最熟悉的就是伽利略，但事实上，早在他之前，就有一位叫乔尔丹诺·布鲁诺的科学家因日心说受到宗教裁判所的审判，而且他从始至终坚持主张，从而被判为“异端”，烧死在鲜花广场上。

伽利略或许也是鉴于此事才决定放弃自己的主张。因为他知道放弃自己的主张还有可能继续活着做研究，而一旦坚持下去则很可能像乔尔

《伽利略在圣所前》

约瑟夫－尼古拉斯·罗伯特－弗勒里（1797—1890）

这幅画反映了1633年伽利略站在宗教法庭上的情形。当时，宗教裁判所对伽利略判处死刑，但教皇对他生出恻隐之心，召集枢机主教，求他们放过伽利略一命。最终，伽利略在宗教裁判长面前手抚《圣经》，宣读教会为他准备的宣誓文才被免除死刑。当时宣誓文的大致内容为承认教会的真理，以及撤销关于地球绕太阳运动的理论。

丹诺·布鲁诺一样被烧死。

虽然也有人表示伽利略在走出裁判所时曾喃喃自语地说过“但它仍然在动”，但事实上他并未说过这句话，这句话很有可能是后世的人杜撰出来的。

知识要点

- 培根活跃的伊丽莎白一世时期是英国在经济、科学、文化方面迅速崛起的时期。
- 17 世纪左右，西方爆发了一场科学革命。随着重视实验和观察的风气形成，15 世纪时哥白尼主张的日心说逐渐得到人们的认可。这个时期活跃的科学家有伽利略、开普勒、牛顿、帕斯卡、斯宾诺莎等人。

思想理念

知识是人生的武器

培根曾绞尽脑汁想过一个问题：“为什么要学习？”他得出的结论是，为了获得力量。培根认为，想要获得真正的知识就得舍弃一些东西。舍弃的究竟是什么呢？

人生
时代
思想
名言
时事
NEWS

01

知识就是力量

知识为什么等于力量

培根说："知识就是力量。"这句话该怎么理解呢？难道就跟字面上的意思一样，学到的知识越多，力量就越强大吗？从结论上来说确实如此。

例如，当一个人要上山，如果这个人之前从未上过这座山，那他肯定不清楚上山的路。一个不清楚山路的人该怎么上山呢？找一个熟知山路的人做向导，肯定很容易就能上山了。

即使不是上山的情况，任何情况下，不懂的人只能相信懂的人说的话，甚至还要按照对方的指示行事，因为“懂”本身就是一种力量。这种力量也可以看作一种“权力”，即懂得多的人

要比懂得少的人拥有更大的权力，而拥有权力必然会支配其他人。

我们可以举一个简单的自然现象的例子来进行说明。

假如明天去郊游，我们肯定很好奇明天的天气会如何。毕竟一旦下雨，郊游就去不成了。那想要了解明天的天气又该怎么做呢？自然是要查询天气预报了。只要在网络上进行搜索，我们就能很轻松地搜出明天的天气，甚至是一整周的天气。

但假如我们需要关注的并非是郊游时下不下雨的小问题，而是会不会发生地震、会不会出现海啸的大问题，又该如何呢？

众所周知，如今的科技尚未发展到能预测地震或海啸的程度。如果能提前预测这些自然灾害，海地大地震就不会夺走数十万人的生命；日本福岛核泄漏事件也不会发生。因此，倘若某个人能提前预测地震、海啸等自然灾害，那他肯定会获得极大的权力。

我们如今虽然无法准确预测地震和海啸，但至少知道为何会发生地震和海啸。而在无法理解这些自然现象原理的古代，人们是如何看待这些事情的呢?

人们往往对自己不了解的事情感到恐惧，因此古代人一方面畏惧自然，一方面又崇拜自然。最终，他们将这些自然现象视为“神迹”。

例如，当某个地区因火山爆发而遭受巨大损失，当地人就会认为是自己的行为触怒了神灵，从而降下了神罚。古人们也从最初的畏惧自然，渐渐转变为畏惧神灵。

于是宗教就这样诞生了，侍奉神灵的神官和神职人员便拥有了很大的权力。他们让所有人向神祈祷以求得宽恕，人们便会毫不犹豫地照做。

久而久之，神职人员的权力渐渐超越国王的权力。事实也正是如此，在西方中世纪时期，神职人员的权力远超国王的权力，甚至还有神职人员将国王破门绝罚的事情发生。“破门绝罚”指的是开除教籍、废黜和放逐教徒的处罚，而这对于信徒们来说无疑是最残酷的惩罚。

最为典型的要属11世纪时，神圣罗马帝国的皇帝海因里希四世曾冒着风雪严寒，跪在教皇所居住的卡诺莎城堡大门前忏悔自己的罪过，三天三夜后才得到教皇的原谅。这便是“卡诺莎之辱[①]”。

在中世纪，宗教掌握的权力便是如此强大。不过随着自然现象的秘密一一被人们解开，人们不再畏惧神灵，而侍奉神灵的神职人员的权力也

① 卡诺莎之辱：1077年，围绕神职人员任命的权限问题，皇帝和教皇之间展开交锋，最终以教皇的胜利而告终。事后，当时的神圣罗马帝国皇帝海因里希四世在风雪中长跪三天三夜向教皇格列高利七世忏悔自己的罪过。

自然而然得到削弱。那么最终，谁的权力得到了增强呢？

答案是“懂得多的人”。也正因如此，培根才会留下“知识就是力量”的名言。

懂得多能做什么呢？

我们说过懂得多的人可以获得更大的权力。可是培根懂得多，又能用来做什么呢？莫非只是为了获得更大的权力？

之前我们在提及“知识就是力量”这个话题时，曾列举自然现象进行过说明。人类对于自己周边发生的自然现象肯定是十分好奇的，但这里所说的自然现象并不是单纯指天气，而是指自然界里所有的现象。它可以是牛顿的苹果，也可以是伽利略的铅球。

培根对自然现象也感到十分好奇，而且他更希望能将这些自然现象运用到人类的生活当中。他认为人类研究学术的理由不能局限于弄清自然的原理和法则，而是应该用来积蓄有效支配自然的力量，进而促进人类的幸福生活。在他看来，这才是人类研究自然学术的目的，即“懂得多”能做什么。

培根主张研究科学、发展科学，因此十分重视科学。他在作品《新工具》中提及世界三大发明——印刷术、火药及指南针，强调了科学的发展对人类生活的重大影响。

在现代社会，图书已是必不可少，但在古代，要想制作出一本书就得一个字一个字地抄写。而随着活字印刷术的发明，书籍的制作变得十分简单，价格也变得更加低廉，人们也得以毫无负担地购买书籍。在书籍稀少的时代，懂字的人也少，只有少数的人能够掌握知识，印刷术的出现，让更多的人学到了知识。

指南针又是什么情况呢？随着指南针的发

明，人们得以在海上安全地航行，从而获得比以前更多的资源。另外，随着船只能够抵达更远的地方，国家之间的贸易也变得更加活跃。

这就是培根重视知识实用性的原因。在培根看来，不实用并且晦涩难懂的理论和知识是没有一点用处的。在中世纪之前的西方，人们学习知识的目的是为了懂得更多，进而支配懂得少的人，培根批判性地认为，这样的学问对于改善人类生活没有任何帮助。

培根认为以前的学问太过迷信，并且属于毫无用处的空谈，根本无法探索出自然界的原理。对此，培根提出了新的方法，那便是直接观察自然，也就是通过观察自然和进行相关实验来找出隐藏在各种自然现象中的原理。

通过经验获得知识

尽管现代人来看，培根提出的通过观察自然来了解自然原理的主张再正常不过了，但当时很多哲学家都持反对意见，认为通过经验无法获得任何知识，即他们认为无论是实验还是观察都不可信，甚至还有人认为自己的眼睛也不可信，这个人便是法国的哲学家笛卡尔。

哲学家是一群寻找真理，也就是研究世界的基本和普遍原理的人。而为了寻找真理，笛卡尔最常做的事情便是怀疑。因为只要怀疑一遍之后实在找不出错误，那它就是真理。

那么，笛卡尔究竟都怀疑过什么呢？

事实上，他怀疑过世上的一切东西。对他而言，通过人类经验获得的知识同样属于怀疑的

天才数学家笛卡尔（1596—1650）

法国的哲学家、数学天才。他创立了数学的崭新领域——解析几何学，并留下“我思故我在”的名言。

对象。我们平时通过最直接的看、听、摸、尝、闻来认知。我们称这种认知为“感觉”。感觉可以分为视觉、听觉、触觉、味觉及嗅觉，统称为“五感”。

笛卡尔怀疑那些通过人类感觉获得的知识，并且认为它们不可信。例如，在春天，我们看到漫山遍野的黄花，离得很远时，我们认为那是连翘，但凑近一看，却是蒲公英。笛卡尔认为，这是眼睛给我们带来的错觉，通过眼睛获得的知识并不可信。

再比如，玫瑰花的香气起初很好闻，但闻久了也会觉得刺鼻和头疼。从这种角度上来说，通过嗅觉获得的知识同样不可信。

甚至，笛卡尔还怀疑自己是否真的拥有一双能够看到蒲公英的眼睛和一只能够闻到玫瑰花香的鼻子。

笛卡尔认为世间一切只有一件事情值得信

任，那就是“自己的怀疑”。

不同于笛卡尔，也有一些科学家认为，只有像培根那样通过经验才能获得知识。

西方的科学之所以能得到发展，是因为西方人十分注重经验。即他们注重观察和实验，然后把获得的知识运用在现实生活中。

这种通过经验不断获得知识的方法就是归纳法。归纳法需要把一个个观察的结果进行归纳和总结。

应用实例：“苏格拉底死了；培根也死了；某某人死了；某某人也死了……结论是所有人都会死。”

与归纳法相对的是演绎法。演绎法要先在脑海中下定结论，然后再代入具体的事物。

应用实例：“人会死，而苏格拉底是人，所以苏格拉底也会死。”

在培根之前的中世纪哲学，人们通常会像

演绎法中那样先下定结论，但很少会通过实验来验证它的正确性。这种思考方式从古希腊的亚里士多德时期开始一直沿用至培根时期，持续了近两千年。

培根对于演绎法十分抗拒，甚至还表示：“演绎法是阻碍学术发展的障碍之一。”

获得知识的方法——演绎法 vs 归纳法

对比	演绎法	归纳法
登场时间	古希腊时代	古希腊时代（正式开始使用是 17 世纪—18 世纪）
使用过的名人	亚里士多德、笛卡尔等	培根、伽利略、牛顿等
特点	先下定结论，再代入具体的事物。	收集所观察的结果，再下定结论。
应用实例	所有的人都会死（大前提），苏格拉底是人（小前提），因此，苏格拉底会死。	苏格拉底死了，孔子死了，释迦牟尼也死了，苏格拉底、孔子、释迦牟尼是人，因此，所有人都会死。
缺点	由于是根据大前提引导出结论的方式，所以当大前提设定错误时，会得到错误的结论。	由于无法调查、观察所有的事例，所以可能存在逻辑上的错误。

02

阻挡真理的“偶像”们

除了演绎法，培根认为阻挡知识发展的障碍还有一个，那就是“假相”。

世上存在无数的知识，但并非所有的知识都是正确的，因为有些知识是人们在偏见下认为正确的知识。培根认为，想要获得正确的知识，首先得舍弃这种错误的偏见。而这种偏见便是“假相”。

“假相”，原文是“idol”，也有“偶像”的意思。正如那些粉丝迷恋“偶像”只对一人情有独钟一样，人一旦痴迷于假相，就会失去分辨正确知识的能力。

培根认为，假相分为四种：种族假相、洞穴假相、市场假相及剧场假相。

种族假相（Idols of the Tribe）

种族假相是指以人的感觉作为认知事物的尺度。

例如，在寒冷的冬天，看到海里的鱼会觉得它们跟自己一样冷；看到鸟儿鸣叫就觉得它们是在唱歌等。另外，将周围的事物拟人化也属于种族假相。

吻鲈是一种生活在热带的“接吻鱼”。在看到吻鲈“接吻”时，人们会认为这是一种相爱或友情的表示，但事实上，它们这是在争斗。所以，正是由于我们往往以人的感觉为尺度来解释事物，才会出现这种错误的认知。

不只是动物，对于植物也一样。由于担心会枯死，所以一早一晚给家里的仙人掌浇水，那它便会因根部溃烂而死。

总而言之，像这样以人为中心去认识事物，结果就会歪曲事物的真相。因此，培根把种族假相比作是凹凸不平的镜子。假如镜面凹凸不平，无论照什么东西都会很模糊，因此要想做出正确的判断，首先得拥有一面干净、平整的“镜子”。

而作为判断的工具要想干净、平整，我们就要每天将它擦拭干净。

那么，我们应该用什么方法来擦拭内心的镜子呢？

答案是每天做一次反省。回顾自己做错的事情固然属于反省，回顾有所不足的自己同样也属于反省。每天回顾自己的行为并进行反省，我们内心的镜子就能够保持干净和平整。

洞穴假相（Idols of the Den）

当一个人被困在洞穴里，那他就会对洞穴外发生的事情无从知晓。明明对洞穴外的事情一无所知却硬说自己知道，这便是“洞穴假相”。如果说所有的人类都具有的假相是种族假相，那洞穴假相就可以看作个人所具有的假相。

人就像井底之蛙，哪怕积累再多的知识和经验也存在一定局限。不承认这种局限性，始终认为自己的观点是正确的，又或者假装自己无所不知，事情就会变得十分麻烦。

“盲人摸象”的故事可以很好地解释什么是洞穴假相。如果让从未见过大象的盲人去摸大象，再让他们描述大象的样子，去摸象腿的人多半会说大象长得像柱子；去摸象耳的人会说大象长得像蒲扇。那么，哪个人描述的形象是大象真

正的形象呢？

我们知道，两个盲人的描述都是错误的。

每个人都有自己的局限。一个人或许很了解大象、鲸鱼等单一的事物，但绝对无法了解世间所有的事物。

每个人都会有属于自己的人生经历。接受过什么样的教育、性格如何等等，都会对他的经历产生不同程度的影响。但我们在对自己不熟悉的东西进行分析时，往往会根据自己的经历进行判断。也就是说，所有人都有属于自己的假相。

假如一个人第一次吃某种食物，而这个食物恰巧又坏掉了，会如何呢？那个人肯定会认为这种食物的本来味道就是如此。若是下一次遇到这种食物，他就会想起之前品尝这种食物的经历，从而产生抗拒心理。假如这个时候有人询问他关于这个食物的建议，他多半会皱着眉头说：“太难吃了！不建议你吃它。”哪怕这种食物其实十分美味。

市场假相（Idols of the Marketplace）

市场是人群密集的地方，人和人之间的交流也会变多。他们会相互打招呼、协商价格、吵架，当然也会谈天说地。

在闲聊的过程中，他们也会把自己听到的传闻转述给对方。

“大叔，那件事听说过吧?”

“是啊是啊，我也听说了。简直是罪大恶极啊。”

然而传闻终归是传闻。因为它往往没有得到证实，也就是说没有证据能证明它是真的。因此，对于这些传闻，我们不能信以为真。

即使对毫无根据的话也能深信不疑，培根称之为“市场假相”。

古时候，人们经常在市场里交换信息。到了赶集日，哪怕没有什么特别需要购买的物品，人们也不介意去逛一圈，然后在那里跟别人坐在一起聊这样那样的话题。

不过如今，人们通常会在互联网中交流信息。由于能在极短的时间内连接无数的人，所以传闻传播的速度比以前更快。而网络上的传闻接触得多了，哪怕对于捕风捉影的事情，人们也会信以为真。因此，在当前这种环境下，我们更容易陷入到市场假相中。

剧场假相（Idols of the Theater）

在与别人争论时，我们往往喜欢引用相关领域方面专家的主张。因为专家毕竟比我们懂得多，而且是某一领域的权威。但事实上，专家的主张不一定就是正确的。

古希腊的天文学家认为太阳绕着地球转，而人们视它为真理，信了近两千年。

但后来人们发现那个主张是错的，可见专家说的话不一定就是永远正确的。

我们在电影院看电影时，电影中会发生各种各样的故事。这些故事大都是在我们日常生活中有可能发生的事情，而这也是我们痴迷于电影

邻居大叔又开始造谣了。莫非是我的演技太精湛了？
哦～朱丽叶……
那个女人就住在我家隔壁。没想到居然出轨了。
喂，这只是在演戏，又不是真的！

的原因。电影中还有很多帅气、漂亮的演员，还有各种有趣的剧情。

虽然电影比现实更有趣，但电影终归只是电影，而现实只能是现实。电影中发生的事情并不是真实的事件。假如我们把电影中的情节当成现实会怎么样呢？为了成为超人，可能就会有披着红色披风的人从高层窗台跳下来的惨剧发生。

在培根生活的时代还没有电影，但有戏剧可以观看。培根认为，权威人士的主张类似于剧场中上演戏剧的剧本。

就像现在很多年轻人痴迷于电影一样，当时也有很多人痴迷于戏剧。培根之所以把专家的话比作是戏剧剧本，是因为和戏剧一样，许多人往往对其深信不疑。

16、17 世纪的人对一个公元前的人——亚里士多德所说的话依旧深信不疑，对此培根感到十分无奈。他认为先贤就像剧场里的假相，阻碍了学术的发展。

举个例子，亚里士多德认为，重的物体会比轻的物体先一步落到地上。按照他的观点，一个物体的重量是另一个物体的十倍，那它的掉落速度也会是另一个物体掉落速度的十倍。

直至15世纪末，大部分科学家对此从未表示过怀疑。因为他们无条件地信任亚里士多德在学术上的权威，即人们陷入了剧场假相中。

不过后来，人们逐渐发现亚里士多德的理论其实不符合现实。后世的科学家用两个重量不同的铁球进行自由落体的实验，结果发现在没有空气阻力的真空状态下，两个铁球落到地面上的时间相同；但在有空气阻力存在的普通环境下，10磅的铁球要比1磅的铁球先一步掉落到地面上。

专家或权威人士的话不是不值得信任，而是不应该盲目地去全盘相信，重要的是懂得自己去判断。

知识要点

- 培根用“知识就是力量”这句话强调了知识的重要性。
- 培根主张通过实验和观察来获得新的知识。他的这种思想为科学的发展奠定了基础。
- 培根强调，要想获得正确的知识，就要摆脱我们生出偏见的假相。它们分别为：种族假相、洞穴假相、市场假相及剧场假相。

培根的名言名段

狡诈者轻鄙学问；愚鲁者羡慕学问；聪明者运用学问。

——培根

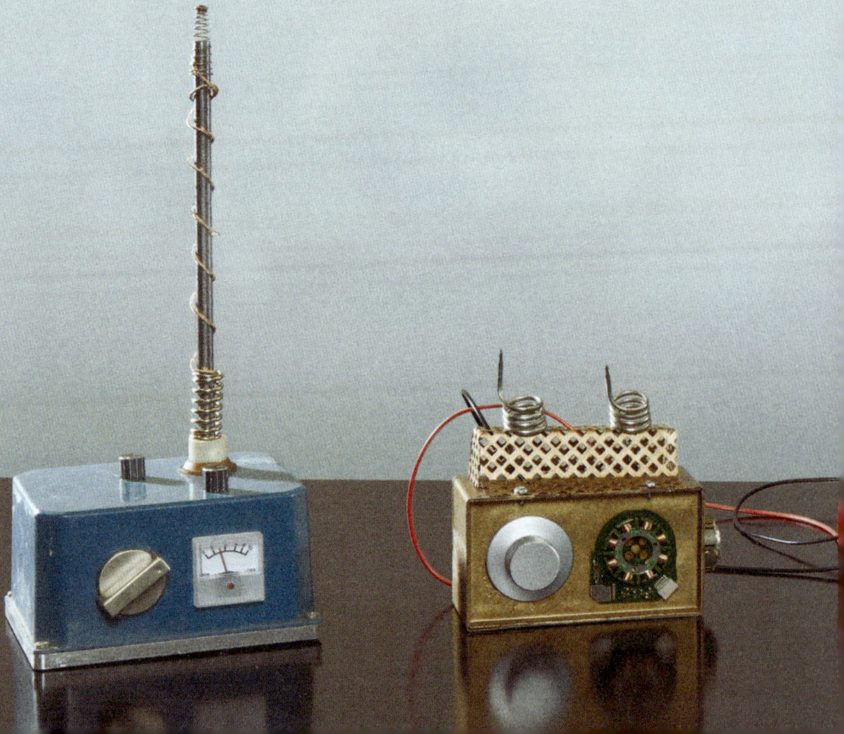

01

支配自然是人类的权利

人类想要恢复上帝赐下的礼物——对自然的支配并行使其权利，就必须接受正确的理性和真实的信仰的引导……上帝创造自然并非是为了让人类一直跟它抗争到底，而是为了让人通过自己的努力获取一定的统治权和“面包”——足以度日的粮食。

——摘自《新工具》

正如引文所说，培根主张人类拥有支配自然的权利。

可是“度日的粮食”不仅人类需要，动物同样也需要，但培根为何说只有人类才有支配自然的权利呢？

有人说：人类是地球上最大的害虫。如今社会，对人类支配自然这一思想，有不少人提出

反对意见。

最初，培根提出人类有权统治自然的主张时，获得了很多人的大力支持。

培根提出人类有权统治自然的主张，为人们研究自然和克服自然注入了活力。人不仅具有支配自然的能力，这一“权利”还是与生俱来的。这在当时是多么令人振奋的事情！

培根活跃的时期也是西方科学迎来变革的时期。他所提出的人类有权支配自然的主张为科学技术的发展奠定了基础。

人们遵循培根的哲学思想，高喊“我们拥有统治自然的能力和权利”的口号钻研科学，并且将其成果运用到现实发展中，获得了巨大成功。

得益于此，西方的工业得到飞快发展，而这就是我们先前所说的工业革命。不过一味地将自然视为征服对象给人类也带来了无数的问题。最大的问题就是自然环境遭到了史无前例的破坏。

由于从未顾及自然也会遭到破坏，当时的英国人闻着工厂排放的煤烟味道，还沉浸在工业发展的喜悦中。

雾霾笼罩下的伦敦

随着英国爆发工业革命，大量的工厂修建在城市中。由于工厂日夜不停地排放煤烟，伦敦始终笼罩在浓浓的雾霾中，甚至还有人被雾霾夺走了生命。

时间流逝至1952年冬天，英国首都伦敦突然爆发大量民众暴毙的事件，其元凶便是工厂烟囱里排放出来的煤烟和雾气结合形成的雾霾。据记载，仅那年冬天就有数千人死于雾霾中毒。

可见培根思想的最大问题在于没有考虑到要爱护自然，毕竟人也属于自然的一部分。

虽然之前自然环境也曾遭到一些破坏，但只有品尝到破坏自然的行为带来的苦果，人们才真正意识到保护自然环境的重要性。

最终，视自然为“征服对象”的主张自然而然遭到后世的批判。

02

蜜蜂一样的人

培根主张学习知识的目的是利用自然。想要利用自然就必须积累知识，而作为积累知识的方法，培根提出了归纳法。他主张只有真正的归纳法才能打破灌输错误观念的假相，才是正确认识自然的方法。

那么，学者们该如何实施真正的归纳法呢？

历来从事科学的人要么是实验者，要么是教条者。实验者好像蚂蚁，它们只是收集材料来使用；推理者像蜘蛛，它们用自己的材料做成蛛网。而蜜蜂采取中间道路，它会从花园和田野的花里收集材料，但又会用自己的力量改变和消化这材料。真正的哲学工作与此并无不同。

——摘自《新工具》

培根把学者分为三种类型：蚂蚁型、蜘蛛型及蜜蜂型。他认为蜜蜂型学者最可取。这是为什么呢？

首先，蚂蚁具有不断收集食物的特点。那么，蚂蚁型学者应该是什么样的呢？

这种人会不断做实验和收集资料，并以此来获得知识。但就像蚂蚁会把自己收集来的食物全都吃掉一样，他们只会不断消耗自己收集来的资料，不会创造新的资料。简单来说就是没有发展前景。

众所周知，培根是一个注重实验和观察的人。但他认为即使做再多的实验和观察，若止步于此，就没有任何意义。而最好的选择是利用实验和观察获得的资料来发展出新的知识。如果比作学生，那培根就是认真记忆公式，然后能用背诵下来的公式灵活解答应用题的那种学生。

与蚂蚁相反的是蜘蛛，蜘蛛的特点是织网。

但蛛网是蜘蛛从自己的肚子里抽出来的，而并非从外界获得。蜘蛛型学者永远只会用自己的理论，也就是只会用自己脑袋中的知识来研究学问。

因此，蜘蛛型学者的最大问题是无法更新知识。培根批判那些中世纪时代的学者们都像蜘蛛。在他看来，脱离观察和实验，只凭大脑和嘴皮子做出来的学问，同样没有任何发展可言。

那么，蜜蜂型学者又是一群什么样的人呢？蜜蜂会从花朵中采集材料，然后放进肚子里进行消化，最终把它吐出来，就是我们日常生活中所吃的蜂蜜了。

培根表示，作为一名真正的学者，就应该像蜜蜂酿蜜一样，从外部收集来资料，用自己的想法将其消化掉，创造出属于自己的新知识。

知识要点

- 培根主张人类有权利支配自然。但直到经历工业革命，尝到破坏自然带来的苦果之后，人们才真正意识到保护自然环境的重要性，而视自然为“征服对象”的主张也遭到后世的批判。
- 培根表示作为一名真正的学者，就应该像蜜蜂酿蜜一样，从外部收集来资料，再用自己的想法将其消化掉，创造出属于自己的新知识。

时事关联

科学的发展是否是最优解

培根提出“人类有权支配自然”，为科学发展奠定了坚实的基础。

然而现代社会，环境破坏导致的灾难层出不穷。他的这些主张如今是否就沦为故纸堆中可有可无的一句话呢?

01

如何去克服人类的危机

随意更改基因？

虽然看似是科幻电影中才有的桥段，但现实世界中，人们早已开始研究基因改造技术。这些基因改造技术甚至并非只是存在于实验室中的理论知识，而是已经投入到实际应用中。

我们如今所食用的大豆、玉米、土豆等农产品相关的基因改造技术已经相当成熟。这种经过基因改造的农产品，我们称之为“转基因食品（GMO）”。

可是人们为什么要创造这种农产品呢？

当大豆的抗病虫害能力较弱时，我们该怎么做才能避免大豆遭遇虫害呢？假如喷洒农药也不管用该怎么办呢？

科学家们寻找到抗病虫害能力较强的植物，然后提取其中有关抗病虫害能力的遗传基因，再

跟大豆的遗传基因进行结合，就能制造出一种抗病虫害能力很强的大豆。种植这种抗病虫害能力很强的大豆不仅能降低打农药的成本，还能起到保护环境和提高食品安全的作用。然而结果真的是这样吗?

也有不少人担心基因改造的副作用。毕竟现在看来没有副作用，不见得未来也没有副作用。另外，经过改造后的遗传基因也可能扩散到其他植物身上，基因污染也是我们需要考虑的问题之一。

比如，我们往大豆遗传基因里添加了对除杂草的农药抗性很强的基因，为了能在打完农药后，杂草死去，大豆安然无恙。然而问题就出现了，大豆中对农药有很强抗性的遗传基因极有可能扩散到杂草上。往后，想要除去这一类新的杂草，人们就得打更多的农药。

虽然这样的情况并不多见，但只要这种可

能是存在的，我们就不得不慎重考虑。

基因改造作为一种颠覆自然规则的技术，有可能出现的副作用令人十分担忧，但其提高粮食产量的优势也让人们欲罢不能。

培根曾表示，学习的真正目的是通过各种发现和发明，提高人类的生活水平。现实是，如今世界上依旧有很多吃不饱饭的人，转基因食品可以说正是人类为了解决当前的粮食危机而做出的努力。

不过基因改造存在着隐患，至少人们尚未证实转基因食品对人类完全没有危害。试想，这个问题如果摆在培根面前，他又会如何看待呢？

培根也许会主张：既然转基因食品存在问题，那就不能满足于现状，要继续发展科技，直到找出解决的办法。此外，他或许还会放低姿态说："支配自然固然是人类的权利，但保护自然也是人类的义务。"

02

人类是否是自然的支配者

假如世上有可以结拳头那么大的谷子的稻谷树，或者结西瓜那么大的苹果的苹果树该有多好？因为这样，农民就能有更多的收入，消费者也能买到更廉价的粮食。另外，向那些贫困地区的人支援这些粮食，世上就不会再有饿死的人了。

除此之外，让瘫痪的人重新站起来的药物、

让断肢重生的治疗技术……若是世上能有这些东西，能造福多少人啊？

什么时候才能研发出成熟的人工降雨技术，让那些干旱地区不再受缺少淡水资源的困扰呢？有没有什么技术能够让遭遇暴雨山洪的地区一下子云消雾散、雨过天晴呢？

培根当初肯定也做过这样的想象，因为他

始终认为科技能给人们的生活带来便利。也正因为有像他这样的一群学者、科学家，我们如今的生活才确确实实变得很方便。

假如我们的生活中没有汽车该多么不便？假如没有电呢？没有电脑呢？没有智能手机呢？说不定我们一天都坚持不下去。

然而我们要想享受这种便利的生活，就需要太多太多的东西。汽车要想行驶就需要有公路，要有公路就得逢山开路、遇水搭桥，而且还得铺上水泥和沥青；汽车需要燃料，所以得打油井，开采石油。此外，要想收获更多的粮食，就得不断开垦农田，而开垦农田又得砍伐树林。

所有这一切都是以破坏自然环境为前提的。

培根不可能不知道这一点，但由于他更重视人类和人类的生活，所以才将自然视为造福人类、予取予求的存在，也就是征服的对象。但自然真的仅仅是征服的对象吗？

越南著名的佛教禅师释一行主张：自然和人类是一体的。他救困扶危，宣扬非暴力的和平理念，受到人们的敬仰。

就好比一张纸，它是一个结果。它是由很多可以被称之为非纸的因素构成的，而个体又是由非个体因素构成的。如果你是个诗人，在这张纸里，你能看到云朵在飘。没有云就没有水；没有水，树就不能生长；没有树，人就不能造纸，所以说纸里有云朵。纸的存在依赖于云的存在，纸和云的关系是如此密切。让我们再想想其他事物，比如说阳光。阳光对一张纸的形成也是非常重要的。没有阳光，森林就不能生长；同样的，没有阳光，我们人类也不能生存。

——摘自《活得安详》

“在这张纸里，你能看到云朵在飘”是什么意思呢？莫非是指纸中有云朵的意思吗？

这句话可以理解为：想要造纸就得有树，树想要生长就得下雨，有雨就一定有云，所以纸和云是彼此联系的。纸和云看似没有任何联系，其实联系十分密切。

事实上，不只是纸和云，世上所有的事物之间都是相互联系的。那我们和纸又有什么联系呢？

纸是用树做的，而树又会吸收二氧化碳、排出氧气，氧气是人类呼吸必不可少的物质，所以没有树，人也难以生存。

纸、人和树，虽然相隔很远，但彼此保持着密不可分的共存关系。若是其中一个环节消失或出现问题，其他两个环节也会受到极大影响。例如，盲目地大量造纸会导致树木减少，而树木减少又会降低空气中的氧气含量。如此一来，人也很难生存下去。

单单树木一个环节出现问题，人类就会受到如此大的影响，若是山、湖、海或动物遭到污染或消失，其危害可想而知。

总而言之，人类为了自身利益而毫无节制地开发自然的行为无异于自掘坟墓。因此，我们不应该想着去支配自然，而是应该寻找能够与自然和谐共存的方法。

通过培根的故事学习哲学

我们为什么要学习？父母和老师教导自己的子女和学生要不断通过学习积累知识。

那积累知识又有什么用处呢？

一些人认为，知识不一定要用在什么地方，获得知识的过程会带来愉悦，而正是为了收获愉悦我们才会去学习。也有人认为，学习知识是因为它们总有一天能用得上。

培根的思想则比较激进，他认为，用不到的知识没有学习的必要。培根批判当时的学术研究环境，并指出阻碍科学进步的几个原因：

- 即使在人类智慧和学术最发达（假如真可算是发达的话）的那些时代里，人们也只将最小部分的苦功用于自然哲学方面。
- 即便很多人在研究着自然哲学……也很少有人对其进行专门研究。

· 科学研究的目的没有摆对。

· 在学校、大学，以及类似的为集中学生和培植学术而设的各种团体中，一切习惯和制度都是与科学的进步背道而驰的。

· 最大的问题是人们的绝望和自暴自弃。

——摘自《新工具》

对于培根来说，真正的自然科学并非古代亚里士多德或柏拉图等人的哲学那样空洞的理论，而是一种能够带动知识进步的东西。培根之所以被称为近代科学的先驱，就是凭借这种精神，而并不是因为发明出新的物品或创立了新的科学理论。

正因如此，英国的历史学家丽萨·贾丁才会评价培根是影响了医学家哈维和化学家波义耳的先驱者。因为哈维通过实验证明了心脏和血液

罗伯特·波义耳

波义耳提出“波义耳定律”，证明气体的压强和体积的关系。

运动之间的关系；而波义耳同样通过实验，将化学确立为科学。

对于那些不注重实验和观察得出的理论，培根始终抱以怀疑的态度。

现在劫持着人类理解力并在其中扎下深根的假相和错误的概念，不仅围困着人们的心灵以致真理不得其门而入，而且即在得到门径以后，它们也还要在科学刚刚更新之际聚拢一起来搅扰我们，除非人们预先得到危险警告而尽力增强自己以防御它们的猛攻。

——摘自《新工具》

培根指出，想要在学术上有所突破就必须摆脱以往的研究方法，改为采用自己提出的归纳法。而想要做到这一点，实验和观察的过程必不可少。

科学的源头就不是仅仅出自心灵的性质，而亦是出自事物的性质；因而其中随处都点画着对于自然的揣想和实验以作我所宣教的这门技术的例子，那也就不足为奇了。

——摘自《新工具》

正如上面所说，培根主张科学的发展并不

能只依赖于思考，而是要多做实验和观察。无论是像蚂蚁一样只收集材料，还是像蜘蛛一样只讲自己的理论都不可取，必须在经验的基础上加以智慧的力量，创造出新的东西。培根所言正是如今我们熟知的“科学方法”。

另外，如培根在自己的作品中阐述的那样，伟大的发明是人类行为中最有意义的，因为培根最重视的便是科学和哲学的实用性。

……印刷术、火药和指南针。因为这三大发明首先在文学方面，其次在战争方面，第三在航海方面，改变了整个世界许多事物的面貌和状态，并由此产生无数变化，以至似乎没有任何帝国、任何派别、任何星球，能比这些技术发明对人类事物产生更大的动力和影响。

——摘自《新工具》

历史中的培根

	西方	培根	东方
1543年	主张日心说的哥白尼去世。	 ▲哥白尼	
1550年			《西游记》问世。
1558年	英国的伊丽莎白一世登基。		
1561年		1 月 22 日出生于英国伦敦。	
1562年	法国宗教战争爆发。 ▲宗教战争爆发时的场景		
1567年			明朝“隆庆新政”。
1573年		12 岁时进入剑桥大学三一学院进修。1575 年退学。	
1581年		20 岁时成为下议院议员。	
1582年	制定格里高利历（如今的公历纪年法）。	21 岁时考取律师资格证。	
1584年		23 岁时进入议会。	
1588年	英国击败西班牙无敌舰队。		
1590年			丰臣秀吉统一日本。
1591年		30 岁时结交深受女王宠信的埃塞克斯伯爵。	

	西方	培根	东方
1592年			明朝平定日本入侵朝鲜的朝鲜之役。
1603年	英国的伊丽莎白一世去世。		日本成立江户幕府。
1605年		44岁时出版《论科学的增进》。	
1610年	▲伊丽莎白一世		在中国传播西方科学知识的传教士利玛窦去世。
1613年		52岁时被任命为首席检察官。	
1617年		56岁时被任命为掌玺大臣。出版《新大西岛》。	
1618年	新教和天主教之间的“三十年战争”开启。	57岁时升任大法官。	
1620年	英国的清教徒迁移到美洲新大陆。	59岁时成为子爵。出版《新工具》。	▲培根的《新工具》
1621年		60岁时因涉嫌受贿被调查，并离开官场。	
1626年		65岁时因实验染上肺炎不幸去世。	清朝前身后金的可汗努尔哈赤病死，皇太极即位。

QUIZ

就像哥白尼的日心说一样，科学上的重大发现总是能改变许多人的想法。那么，科学为何能影响那么多人呢？

请写一写你的想法。

培根主张的四种假相分别是什么？符合这些情况的例子又有哪些？

请写一写你的想法。

Important Message

想要获得正确的知识，就要舍弃错误的偏见。

抄写一遍这句名言，思考一下它的含义。

真正的学者应该像蜜蜂一样收集知识、消化知识，从而创造出属于自己的新知识。

抄写一遍这句名言，思考一下它的含义。

Important Message

知识就是力量。

抄写一遍这句名言，思考一下它的含义。

文 | Goodwill 哲学研究所

Goodwill 哲学研究所创立于 2006 年 10 月。创立人员主要以哲学教育和研究经验丰富的教师为主。他们的宗旨是为小学、初高中生及一些哲学论述教育家们，提供关于创意性思考能力的优质教育内容。Goodwill 哲学研究所以专业的学问为基础，横跨人文和自然领域，致力于传播当今哲学和论述教育所需的整体性、综合性的知识。

※ Goodwill 意为善意，相信人性本善，所以在为每个人都能活出个人样而努力。

研究委员

金南寿（毕业于延世大学哲学专业、Goodwill 哲学研究所所长）

金东国（首尔大学美学硕士）

金彩林（首尔大学美学硕士）

李静雅（延世大学英国文学教师）

朴启浩（高丽大学教育学硕士）

夏金红（东国大学物理学硕士）

徐志英（中央大学德国文学博士）

韩正阳（江原大学韩语教育学硕士）

图 | 崔尚奎

曾荣获 LG 东亚国际漫画展、韩国出版美术家协会插画家大奖赛传统童话奖项，现活跃在卡通、漫画、插画等多个领域。

角色设定 | 刘南英

毕业于漫画专业，活跃在角色设计和插画领域，致力于给人们传播快乐、梦想及希望。

图字：01-2022-5699

图书在版编目（CIP）数据

像哲学家一样思考．第一辑．培根 / 韩国 Goodwill 哲学研究所编著；千日译．— 北京：东方出版社，2023.3
ISBN 978-7-5207-2073-1

Ⅰ．①像… Ⅱ．①韩… ②千… Ⅲ．①培根（Bacon,Francis 1561-1626）—哲学思想—青少年读物 Ⅳ．① B-49

中国版本图书馆 CIP 数据核字（2022）第 222940 号

像哲学家一样思考（第一辑）：培根
XIANG ZHEXUEJIA YIYANG SIKAO DI YI JI : PEIGEN
作　　者：［韩］Goodwill 哲学研究所
译　　者：千日

策划编辑：鲁艳芳
责任编辑：黎民子
出　　版：東方出版社
发　　行：人民东方出版传媒有限公司
地　　址：北京市东城区朝阳门内大街 166 号
邮　　编：100010
印　　刷：天津图文方嘉印刷有限公司
版　　次：2023 年 3 月第 1 版
印　　次：2023 年 3 月北京第 1 次印刷
开　　本：880 毫米 ×1230 毫米　1/32
印　　张：3.75
字　　数：36 千字
书　　号：ISBN 978-7-5207-2073-1
定　　价：180.00 元（全 6 册）
发行电话：（010）85924663　85924644　85924641

只有怀疑不用怀疑吗

笛卡尔

[韩] Goodwill 哲学研究所 / 编著

千日 / 译

人民东方出版传媒
People's Oriental Publishing & Media
東方出版社
The Oriental Press

目 录

人生轨迹

柔弱的天才——笛卡尔

时代背景

超越信仰的理性之光

思想理念

连绵不断的怀疑

名言名段

笛卡尔的名言名段

时事关联

虚拟世界，我的真实身份究竟是什么

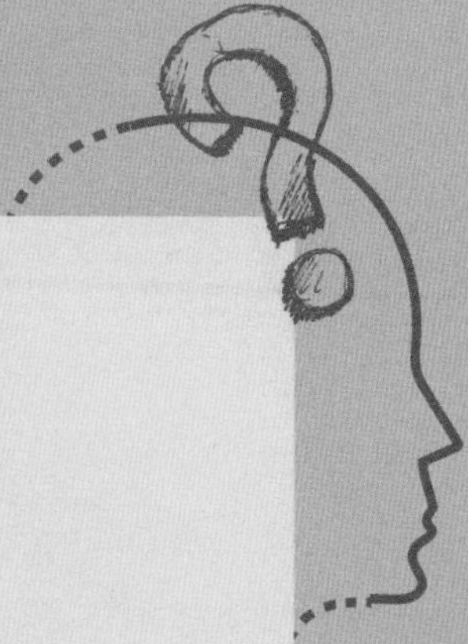

“要想追求真理，我们必须在一生中尽可能把所有的事物都怀疑一次。”

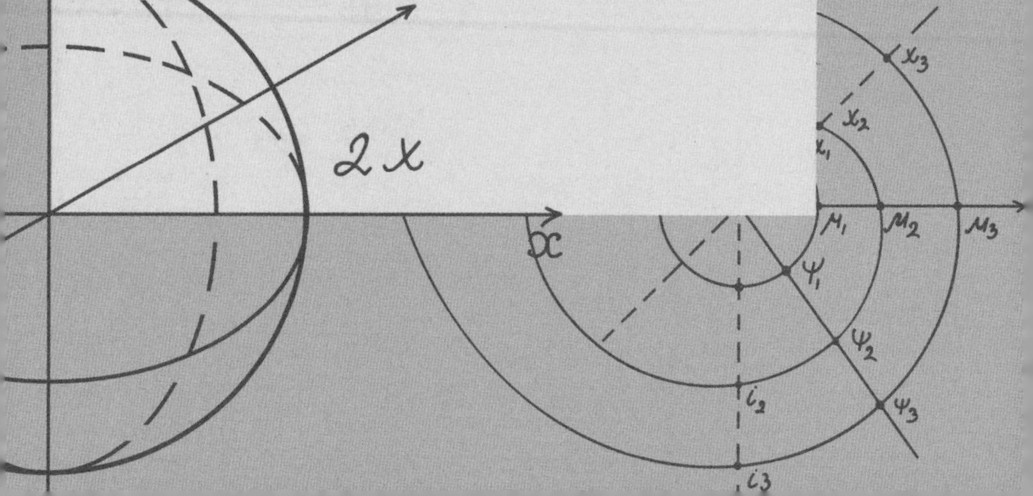

笛卡尔喜欢怀疑一切，
认为我们唯一不用怀疑的是
“我们的怀疑”。
他还是西方现代哲学思想的
奠基人之一。

笛卡尔还很擅长数学。

对于任何疑问，他都会以逻辑的方式思考，

然后用数学的方式进行推理。

让我们进入对科学发展有重大贡献的

笛卡尔的哲学故事中一探究竟吧。

I think;
therefore
I am.

René Descartes

人生轨迹

柔弱的天才——笛卡尔

笛卡尔用“怀疑一切”的姿态在哲学史上留下了浓墨重彩的一笔。

不过，出身贵族却体弱多病、相貌丑陋的他是如何成为一位伟大哲学家的呢？

人生
时代
思想
名言
时事
NEWS

01

出生于富裕的贵族家庭

笛卡尔（René Descartes）是一位伟大的哲学家，他被誉为“西方现代哲学思想的奠基人”。他1596年出生于法国图赖讷地区的一座小城市——拉海。1996年时，他的故乡拉海为了庆祝笛卡尔诞生400周年，将城市名改为“笛卡尔”。

笛卡尔出身贵族家庭，所以生活上比较富

裕。不幸的是在他出生一年多之后，他的母亲就因病去世，笛卡尔从小在外婆的身边长大。

神奇的是，笛卡尔曾表示能记清自己出生前，也就是待在母亲肚子里时的场景，同时他还说自己能清楚地画出母亲肚子里的样子和脐带。

或许是继承了母亲孱弱的体质，笛卡尔从

小就体弱多病。唯独拥有一双明亮的眼睛，让他看起来很有精神。

笛卡尔的父亲很苦恼自己应不应该送孱弱的儿子去上学。直到笛卡尔十岁左右，他的父亲才终于下定决心让儿子去上学，因为笛卡尔非常喜欢学习，父亲已经无法阻拦儿子要学习的决心。

笛卡尔上的学校是位于法国中西部地区的小城市——拉弗莱什的一所耶稣会[①]运营的寄宿学校。这所学校是专门为当地的贵族们设立的私立学校，不仅教授拉丁语和希腊语，还教授文学、哲学、修辞学、数学及一些其他自然科学。

笛卡尔在上学时受到了很多特殊待遇。其中一项就是上午可以不用来上课。按照学校的校规，其他学生每天都要凌晨五点起床，但这对于

---

① 耶稣会：1534年西班牙人依纳爵·罗耀拉等在巴黎创立，并于1540年获得教皇的认可，是罗马天主教的主要修会。会士要求恪守会规，同时注重奉献活动和教育事业。

笛卡尔曾上过的位于拉弗莱什的学校

耶稣会运营的学校，笛卡尔曾在这里上过八年学。

体弱多病的笛卡尔来说是一件很难做到的事情。学校唯独为笛卡尔开了这样的先例，可见他的身体是多么虚弱。

虽然他躺在床上的时间比其他学生更多，但成绩却一直名列前茅。

笛卡尔在这所学校上了八年学。在这段期间，他养成了随时随地陷入沉思的习惯。可以说，这一习惯给笛卡尔带来的帮助要比上课大得多。

从早到晚躺在床上已然成为贯穿他一生的习惯。与笛卡尔相反，有些哲学家连花时间睡觉都觉得奢侈。

亚里士多德是生活在距笛卡尔约 2000 年前的人物。传闻为了防止自己学习的时候睡着，亚里士多德总会在手上握一颗铜球，然后在座位下面放一个铁盆。假如亚里士多德不小心睡着，手中的铜球就会掉下来落到铁盆上发出巨响，从而叫醒他。

事实上，相比睡多睡少的问题，更重要的是清醒的时候学习能否认真，毕竟长时间坐在书桌前并不意味着就能提高学习效率。

1616 年，笛卡尔遵从父亲对他成为律师的期望，进入普瓦捷大学学习法学，并获得学位和文凭。不过他并未继续学习法律，而是穿梭于巴黎的社交界，开始享受“世俗”的生活。

不过这种生活并没有持续太久，因为笛卡尔始终对学习抱有极大热情。

02

改变人生的梦

笛卡尔认为世界是一本大著作，它所包含的知识，任何东西都无法比拟。

我完全放弃了学习。我决心不去寻找任何知识，除了在我自己身上或在世界这本伟大的著作中所能找到的知识之外，我把我所有的青年时光用于旅行、访问法庭和军队、与不同性情和不同级别的人交往，收集各种经验，在命运给我的环境中考验自己，时常回想我所经历的一切，以便从中获益。

——摘自《方法论》

成年后，为了经历更广阔的世界，笛卡尔决定去参军。1618 年，即欧洲三十年战争前夕，22 岁的笛卡尔作为贵族雇佣兵入伍荷兰军队。

庆幸的是，那会儿战争并没有大规模爆发，他也得以继续在军队中学习。当时，欧洲的军队大都由来自各国的雇佣兵组成，所以在那里笛卡尔结识了很多来自不同国家的人。另外，为了战斗，他经常奔波于各国之间，这对他来说就像是一场场新奇的旅行。

军队生活给笛卡尔带来了两次改变命运的机会：

一次是结交到医生兼物理学家的贝克曼。

每次看到对数学有很高造诣的贝克曼，他都会忍不住生出想要好好学习数学的冲动。

数学推理明确明了，因此自古以来不知多少哲学家痴迷于它，笛卡尔同样被数学的魅力所折服。

而在学习数学的过程中，笛卡尔对自己之前所学的知识产生了严重的怀疑，这种怀疑成为他日后创立自己的哲学新学说的契机。

还有一次机会是通过一场偶然的梦，这个梦给笛卡尔指明了人生方向。

有一天，笛卡尔在睡梦中看到了一堆书籍，其中有一本讲述“我该怎么活?”的诗集和一首以“是与否”开头的诗。

而“是与否”与他当时所研究的“真理与谬误”有很大的关联。在我们的生活中，辨别真理和谬误十分重要，而辨别真理与谬误和“我该怎么活?”这一实践问题又是哲学的一个核心问题。

按照原本的打算，笛卡尔是想成为一名军人的，但以这次的梦境为契机，他决定日后只专注于学术研究。

趣味小常识

三十年战争

三十年战争是指1618年至1648年围绕神圣罗马帝国（即今德国主要区域）内战演变而成的欧洲各国之间的宗教战争。16世纪时因宗教改革，新教从天主教（旧教）分离出来，而三十年战争就是新教国家和天主教国家之间矛盾激化的产物。

当时的波西米亚国王，即日后的神圣罗马帝国皇帝斐迪南二世下令禁止新教徒的宗教活动，从而引发新教徒的反抗，成为三十年战争的开端。

信仰新教的国家和信仰天主教的国家各自组成联盟尖锐对立，但随着两方的势力逐渐壮大，局势也变得一发不可收拾。虽然起初只是宗教上的问题，但随着各国势力的介入，逐渐演变为各国之间的利益争夺、树立霸权的争夺及宗教纠纷等复杂的局面。

这场涉及西班牙、丹麦、瑞典、法国等国家的战争持续了很长一段时间，直至《威斯特伐利亚和约》签订才给这场混战画上了句号。最终参与这场

罗克鲁瓦战役

1643年，三十年战争时期法西两国军队在法国北部罗克鲁瓦地区进行交战的场景。

战争的很多国家都获得了领土、独立等好处。例如荷兰和瑞士获得了独立，而在神圣罗马帝国则认可了新教和天主教平等的权利。

03

离开法国，走向世界

笛卡尔以军人的身份，在欧洲各地进行了一场场“旅行”。期间，他结交到很多领域的专家，开拓了自己的眼界。

离开军队之后，他依然选择到欧洲游历，不过期间也曾回到法国待了几年。1625 年，他迁往巴黎生活了两年。期间，他结交到很多数学家和科学家，并与他们进行过激烈的讨论，同时亲眼见证许多新学问的走向。

其中就有一名制作镜片的匠人。正是因为遇到了他，笛卡尔才会对镜片、光及宇宙产生兴趣，最终展开一系列有关光学和宇宙的研究。

从1628年至1648年期间，笛卡尔移居荷兰继续自己的研究。当时的荷兰是一个思想包容、崇尚言论自由的国家，在那里不用担心因为思想有违教会教义而受到迫害，是一个很适合做学术研究的国家。不知是否出于这种原因，笛卡尔的绝大部分哲学作品都是在荷兰定居的时候发表的。

在笛卡尔活跃之前的中世纪，社会一直受宗教统治。不仅是学校，就连学术上也没能完全脱离宗教的影响。

“哲学是神学[①]的侍女。”这句话在中世纪广

---

① 神学：研究神的学问，通常是研究基督教教义、生活伦理和信仰方面的学问。

为流传，哲学一直被作为维护基督教权威的工具使用。例如，托马斯·阿奎纳[①]就曾整理和发展古希腊哲学家亚里士多德的哲学思想，为建立系统的、完整的基督教理论奠定基础。

其实除了哲学，亚里士多德在自然科学方面也留下了很多成就，而他的科学理论却跟哲学一样只是用于完善神学理论体系。

研究科学的过程中，时常会发生以前的真理被证明是谬误，或者诞生新科学理论的情况，数千年前亚里士多德建立的科学理论也不例外。然而在中世纪欧洲，若是有人指出亚里士多德的理论是错误的，很可能会被视为异端而处死。

在这样的社会氛围下，哲学家和科学家们不得不依教会的脸色行事。就连国王也得遵守教会的指令，否则很有可能会被开除教籍，可见当

---

① 托马斯·阿奎纳（1225—1274）：意大利神学家、哲学家，同时也是中世纪经院哲学的代表人物。追寻理性和信仰的调和，建立神学理论体系。

时的宗教影响力是多么强大。在这个时期，所有学问都不能违背神学，而且重要的不是对与错之类的理性判断，而是信仰。

尽管信仰宗教依然是社会主流，但随着笛卡尔的研究和著作逐渐被传播，他声名鹊起，成为一个家喻户晓的人物。很多人都希望能够受到他的指点或有幸见他一面。一些相隔太远而难以见到笛卡尔的人，还会不断给他写信，只求与他进行交流。

在这众多的仰慕者中，就有瑞典女王克里斯蒂娜。后来女王不满足于书信来往，直接邀请笛卡尔亲自前来瑞典为自己授课。克里斯蒂娜女王是出了名的勤奋好学。

起初笛卡尔不是很愿意离开荷兰，但在女王不懈的请求下，他最终于1649年前往瑞典首都斯德哥尔摩。

笛卡尔的难题来了，女王太过勤学好问，

瑞典的冬天又太过寒冷。女王要求笛卡尔凌晨五点给自己讲课。这对于原本就体弱多病、难以早起的笛卡尔来说无疑是一件十分困难的事情。瑞典是欧洲最北部的国家，冬天的气候十分寒冷恶劣。

而且克里斯蒂娜女王还要求笛卡尔给自己

写戏剧和诗。最终，长期凌晨授课和熬夜写作的笛卡尔染上了风寒。

笛卡尔的病情恶化得极为迅猛，进而演变为严重的肺炎。最终，来到瑞典仅五个月，笛卡尔便不幸逝世，享年五十四岁。

知识要点

- 由于从小体弱多病，所以上午的时候，笛卡尔经常赖在床上，躺在床上思考问题也成了笛卡尔一生的习惯。
- 通过游历欧洲开拓眼界，笛卡尔开始怀疑以往的“真理”，指出凡是不能通过怀疑推敲的，都要被排除在知识之外。他的这种思想无疑给当时在宗教统治下的人带来了崭新的冲击。

时代背景

超越信仰的
理性之光

在笛卡尔时期的欧洲，很多人开始摆脱宗教的影响，试图用科学的方法去理解宇宙和地球，甚至世间万物。

笛卡尔又将从他们的身上受到怎样的启发呢？

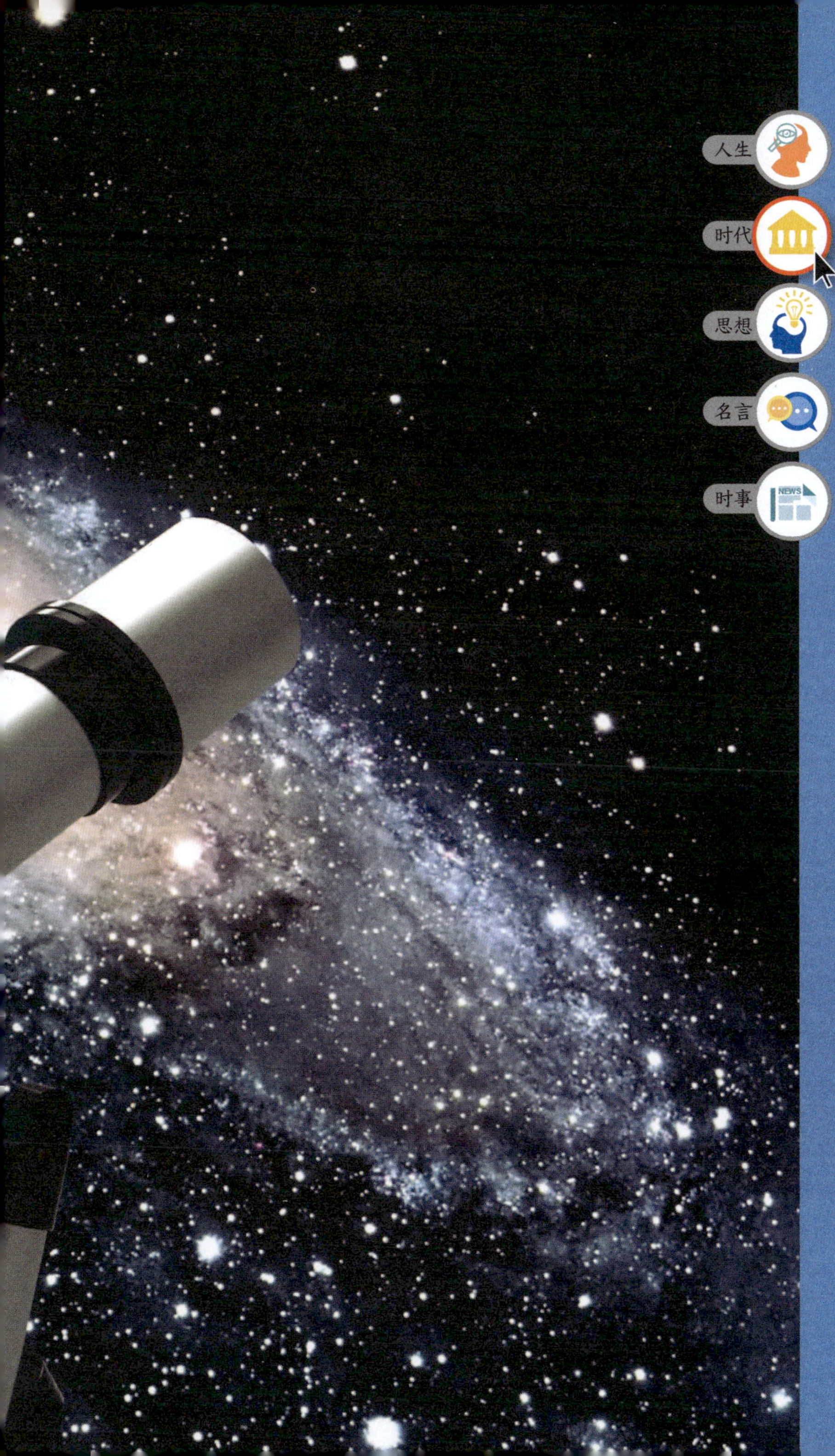
人生
时代
思想
名言
时事

01

中世纪的宗教力量

笛卡尔所处的时期是正步入近代的中世纪。对欧洲历史进行传统划分时，中世纪指的是处于古典时代和近代之间的时期。

在西方世界，古典时代包括了苏格拉底、柏拉图、亚里士多德等人所生活的古希腊昌盛时期和古罗马时代。罗马帝国的灭亡意味着中世纪的开始，文艺复兴和宗教改革则意味着中世纪的结束和近代的开始。不过这种划分方式只适用于西方世界，而包括中国、韩国、日本在内的东方，则采用不同的划分方式。

正如之前所说，在欧洲中世纪，统治社会的是宗教势力。这个时期的教皇有着比皇帝更大的权势，甚至能够将不听话的皇帝破门。破门是指将教徒开除教籍，革出教会。

在当时，被教皇破门无异于被判处死刑。能描述教皇权力的最典型例子便是“卡诺莎之辱”事件。

卡诺莎之辱发生于1077年，神圣罗马帝国的皇帝海因里希四世被教皇格列高利七世破门，为了请求恢复教籍，他来到教皇居所卡诺莎城堡大门前忏悔自己的罪过。

当时海因里希四世冒着风雪在城门前跪了三天三夜乞求教皇收回将自己破门的命令。虽然教皇最终同意撤回对海因里希四世破门的决定，

但这件事情无疑令天主教会和教皇的权势空前高涨。

在中世纪，学术理论同样不得不以宗教为中心。事实上，从古希腊时期开始，哲学家们就一直思索着“什么是真理”的问题。就这一问题，他们各持己见、争论不休。但进入中世纪之后，他们再也不用去纠结这一问题，因为在人们看来,《圣经》里的内容便是真理。

简单来说，中世纪的学术基本都是在研究神（上帝）的旨意。神学成了所有学术中最重要的一门，而包括哲学在内的其他学问和理论不过是为神学服务的工具罢了。其中最具代表性的便是柏拉图的“理念论”。

柏拉图指出“我们所生活的世界并非是真实的”。这句话可以理解为世上的一切并不是真实存在的事物，而是理念世界的摹本。

而神学是如此运用柏拉图的理念论的：我们所生活的世界并非是真实的，所以它并不重要。真实的只有在神的旨意下形成的天国。另外，人死后进入天堂才能体验到真正的人生，因此地表上的世界是虚假的。

柏拉图的理念论以这种方式在神学中得到了延伸。然而这种状态显然无法永远持续下去，因为人天生就具有逻辑思考能力——“理性”。

世上不可能永远存在无条件的盲从，因为人的求知欲不可能永远被抑制。

不过从托马斯·阿奎纳的登场开始，形势稍微出现了好转，他对亚里士多德的思想研究得十分透彻。

亚里士多德的思想与柏拉图的思想有着很大的差别，他十分重视现实世界。柏拉图认为我们所生活的现实世界是虚假的，而真实的只有理念世界；但亚里士多德却认为现实世界同样十分重要。

托马斯·阿奎纳在研究亚里士多德理论时指出，信仰和理性同样重要，因此两者应该彼此形成调和。

开始重视人类理性，这便是从中世纪跨度到近代的特征。笛卡尔对此进行了延伸，他主张“理性才是重要的，其他都是不确定的”。

02

掀起新的风潮

不同于其他的古希腊哲学家，亚里士多德对科学抱有很大的兴趣。他到海边观察生物，研究天气，做过很多科学方面的研究。

不过由于当时的人们普遍认为费力的事情应该交给奴隶们去做，所以亚里士多德并没能亲自开展实验。也正因如此，亚里士多德提出的科学理论中存在很多错误的观点。

但即使是这样，亚里士多德所创立的科学理论也依然被当时的人们视为真理，并信奉了近两千年。究其原因是当时的科学研究始终处在宗教的支配下。

直到后来，随着哲学中兴起重视理性的理论，科学界也开始出现一系列变革。人们不再满足于单纯地相信以往的理论，而是开始通过亲身观察和实验来证明理论的对与错，其代表人物便是哥白尼和伽利略。

颠覆思想的科学家——哥白尼

西方有一句俗话足以证明哥白尼是一位多么伟大的人物，叫作“哥白尼式转向”，这句话常用来表示变革性的转变。

当时，哥白尼发现了一个惊人的事实：地球在绕着太阳运转。于是他指出宇宙的中心是太阳，而并非地球。这便是如今众所周知的“日

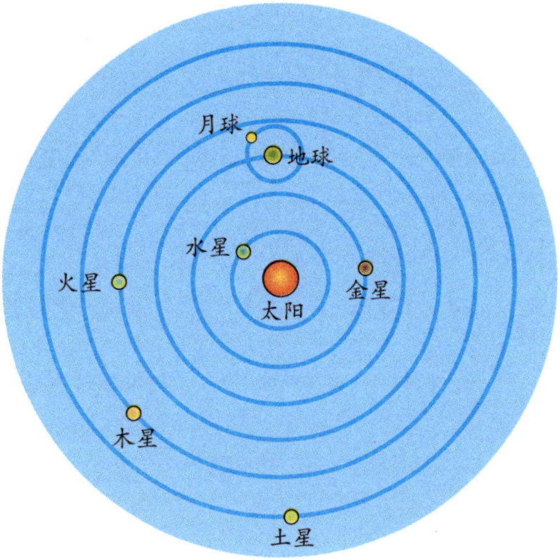

哥白尼体系的宇宙

当时，人们尚未发现天王星和海王星的存在。

心说”。

哥白尼提出的日心说无疑颠覆了人们的认知。当时所有人都认为“地球是宇宙的中心，而太阳绕着地球运转”，这种学说即“地心说”，而主张地心说的代表人物便是亚里士多德。

由于当时的天文学并不发达，因此直至16世纪，亚里士多德的地心说一直在欧洲广泛流传，从古希腊时代开始近两千年来，西方人始终将它奉为真理。

要知道，哥白尼主张日心说的时期正是宗教统治的时代，因此怀疑地心说无异于亵渎上帝。

事实上，最先发现地球绕着太阳运转的人并非哥白尼。公元前 260 年左右，古希腊天文学家阿利斯塔克也曾发现这一现象并首次提出了日心说，但没能引起人们的关注就销声匿迹。后来，直到哥白尼提出日心说，阿利斯塔克的主张才重新被人们发掘出来。

哥白尼 1473 年出生于波兰，23 岁的时候到意大利留学并对天文学产生浓厚兴趣。

按照亚里士多德的天文学理论，宇宙是一个有限大的透明球体。球体的表面有太阳、月亮和星星，而地球则处于宇宙的中心。亚里士多德指出球体的表面会不断旋转，所以才会有日升月落的现象发生。

不过有一颗星星用亚里士多德的地心说解释不通，那就是火星，火星的运行轨迹并不是圆形。

哥白尼花费几年时间研究先人们留下的天文记录，最终发现了一个惊人的事实：那就是绕着其他星体运转的并非是太阳而是地球；同时，行星也并非像贴在球体表面上一样处在相同的距离，而是位于离地球彼此不同的距离。

不过哥白尼在发现日心说后并没有马上进行发表，因为当时的人们对地心说始终深信不疑。直到临近古稀之年，哥白尼才下定决心出版讲述日心说的作品《天体运行论》。因此，人们无法确定他真正证实日心说的时间，只能推断出编著《天体运行论》的时间大致为1520年。

传闻该书的名称也是由出版商取的，而且

哥白尼（1473—1543）

波兰天文学家。用肉眼观测天体，并提出日心说。

出版商为了避嫌，还特意附上“未经证实”的标注。尽管是没有经过作者允许的出版商私自行为，但结果是好的，毕竟这样一来，出版并没有遭到禁止。

哥白尼的这部作品直至出版近 100 年后的 1616 年才被教廷纳入禁书目录，那年伽利略通过观测证明了日心说的正确性，教廷才意识到问题的严重性，将其列为禁书。

寻找证据的科学家——伽利略

哥白尼的日心说着重于理论，为其提供关键证据的人则是意大利哲学家、天文学家伽利略。

伽利略活跃的时期与笛卡尔活跃的时期很相近。伽利略 1564 年出生于意大利的比萨，即哥白尼去世后约 20 年。伽利略起初为了当医生而学习过医学，但自从接触到数学后，马上被数学的魅力所折服。最终，他放弃一直以来学习的医学，转而开始研究数学，并成为一名大学数学教授。

1609 年，荷兰人发明了望远镜。原本就对几何学和天文学感兴趣的伽利略自行将其改装成天文望远镜来观测天体，并发现许多前所未知的天文现象。通过观测，他发现月球表面崎岖不平；银河由无数单个的恒星组成；金星会像月亮

伽利略
（1564—1642）

利用望远镜观测天体并主张日心说，因而被告上宗教裁判所。

一样有盈亏；木星有四个卫星等现象。

能利用望远镜观测这些天文现象，对于当时的人们来说无疑是一件令人十分震惊的事情，而伽利略发现其他行星围绕并非地球的另一个星体运转的事实，为日心说的成立提供了强有力的证据。

之前哥白尼发表日心说时，人们只当它是荒诞的空论，并没有放在心上，但当伽利略通过观测天体找出能够证明日心说的确凿证据后，哥白尼的著作马上被教廷列为禁书，伽利略也被迫中断了研究。

不同于已故的哥白尼，伽利略尚在人世，所以他要想继续做相关的研究，必然要与那些信奉地心说的人，尤其是教廷发生冲突。

果不其然，伽利略被带到宗教裁判所，并被勒令不许再谈论日心说。

不过伽利略并没有就此放弃，而是继续采用其他方式去证明自己理论的正确性。他不再直接主张日心说的正确，而是间接指出地心说的错

误。不过他的这种行为同样遭到教廷的无情打压，以致相关作品一经出版就被纳入禁书目录。

结果，伽利略再次被带到宗教裁判所，被要求放弃日心说。据说当时，伽利略小声留下一句名言：“但它仍然在运动。”当然这句话并没有得到证实。

宣判结束后，伽利略返回佛罗伦萨，继续完成自己的研究。不过由于长期使用望远镜，伽利略双目接近失明，于1642年离开人世。

即使眼睛不能视物，伽利略在去世前仍没有放弃研究，他发明了钟摆原理，甚至还发表著作《两门新科学》。

由于曾与教会发生摩擦，伽利略死后没能举行葬礼、竖立墓碑。

如我们所见，正是有了这些敢于反抗教廷权威和旧理论的人，重视科学和理性的风潮才得以传播开来，从而才有了笛卡尔这样的时代先驱。

虽然我们无法断定笛卡尔是否相信日心说，但他在自己的作品《方法论》中确有提及一些关于宇宙的理论。当然，他也并没有公开主张日心说。

知识要点

- 在西方中世纪，宗教的权力高于一切，不仅是哲学，就连科学理论也只是为宗教服务的工具而已。不过随着托马斯·阿奎纳主张信仰和理性的调和，理性的概念也逐渐被人们所知晓。而到了笛卡尔所生活的时期，理性的重要性进一步得到人们的认可。
- 伽利略利用望远镜观测天体，从而找出支持日心说的有力证据。科学家们的这种研究和努力引发了人们重视科学和理性的风潮。

趣味小常识

纸币中的科学家形象

每个国家的纸币上通常都会印有能够代表该国的伟大人物的形象。

例如，韩国的纸币上就印有一些名人的形象，但可惜上面没有哪怕一位科学家的形象。在很多国家，人们为了纪念为人类做出突出贡献的伟大科学家，通常会把他们的形象印在纸币上。

例如，以色列的纸币上印有爱因斯坦；德国的纸币上印有天文学家高斯；丹麦的纸币上印有物理学家波义耳；英国的纸币上印有发现万有引力的牛顿和主张进化论的达尔文；波兰的纸币上印有哥白尼，以及法国和波兰的纸币上都印有发现镭元素的玛丽·居里夫人。

但后来随着欧洲几个国家实施货币改革并开始使用欧元，许多科学家的形象已经很难在纸币上看到了。

印有哥白尼形象的波兰纸币

印有爱因斯坦形象的以色列纸币

思想理念

连绵不断的怀疑

笛卡尔怀疑一切，并试图找出绝对无法怀疑的东西。经过不断的怀疑之后，他终于找到一个无法再怀疑的事实。

到底是什么呢？

人生

时代

思想

名言

时事

01

什么是无法怀疑的事物

笛卡尔每天都会躺在床上左思右想，直到太阳晒屁股。

“真理？什么是真理？真理就是确定无疑的事物。那什么是确定无疑的事物呢？嗯……看来我得先想一想哪些是无法确定的事物。”

笛卡尔觉得在找出确定的事物之前，自己应该先找出无法确定的事物。他想：

“伽利略为何要自讨苦吃主张日心说呢？教廷为何千方百计想要维护地心说呢？那么多人相信地心说，总该有什么根据吧？可是伽利略的主张也有事实依据啊。啊，真烦！不过上帝真的存在吗？如果不确定，人们又如何能信仰他呢？世界上确定无疑的事物究竟是什么？由此说来，好像只有我反反复复怀疑，才是确定无疑的啊！”

为了找到确凿的真理，笛卡尔开始用上述方式怀疑一切。他首先怀疑的是人类的感觉，他觉得人类所见、所听、所感受到的都是不确定的。

例如，不怎么好吃的东西，放到肚子饿的时候再吃，也会觉得非常好吃；日落时分的晚霞有时是红色的，有时又是金色的。可见我们的身体会根据不同的情况反馈不同的结果。

笛卡尔甚至还怀疑起自己的身体是否存在。因为既然感觉不可信，那身体的存在同样不可信。

不过在笛卡尔怀疑的那一瞬间，有一件事是确凿无疑的，那就是自己正在怀疑。于是笛卡尔明白了“我在思考（怀疑）”的事实。

换句话说，只要我在怀疑，那正在怀疑的我就是真实存在的。因为怀疑的前提就是“怀疑的我”必须存在。

由此，他提出了著名的命题：“我思故我在。”（我思维，所以我存在）这句话是笛卡尔经过反反复复的怀疑总结出来的哲学理论的基本出发点。为了获得确凿的知识，笛卡尔采用了一种叫作“普遍怀疑[1]”的方法。

普遍怀疑中最重要的是“怀疑一切”，而之所以要怀疑一切，是为了让所有知识的推理、推演能够没有错误，从而获得清晰明确的知识。

笛卡尔的“疑心病”很重，重得甚至怀疑

---

① 普遍怀疑：绝不承认任何事物为真，除非我明明白白地知道它确实为真。这就是笛卡尔普遍怀疑的主张。

我们所相信的一切都只是一场梦，或者是受到了恶魔的欺骗。

在他所生活的时代，所有思想和知识的中心并不是“人类”，人们最确定的事物就是“上帝”。但笛卡尔所主张的“我思故我在”理论直接推翻了当时“神在故我在”的思想，也就是说，直接脱离了以神为中心的哲学框架。

不过这并不意味着笛卡尔认为上帝不存在。

02

提出二元论

人为何能拥有动物不具备的思考能力？对于这个问题，笛卡尔认为是“天生如此”。

他认为人的理性中包含思考的能力。按照他的说法，动物是不具备理性的，但具备理性的人类，则会对包括自己在内的所有事物进行思考。

思考的人，称为“主体”；主体思考的对

象，称为“客体”。例如我说“桌上放着风筝”时，“我”是主体，而“风筝”则是客体。笛卡尔的另一个成就便是提出了明确区分主体和客体的二元论。

此外，笛卡尔还指出精神和肉体是完全分离的不同的存在。在他看来，人类的精神，即思想是可以独立于肉体而存在的。

这种以两个相互对立的原理或原因来解释事物的方法便是二元论。自从苏格拉底提出了肉体和精神的区分以后，二元论便成为西方世界最普遍的思维方式。后来到了17世纪，笛卡尔主张将无形的可以思考的“意识”和有形的无法思考的“物体（肉体）”区分开来，从而确立了近代哲学的身心二元论理论框架。

笛卡尔主张作为主体的人所具备的理性可以正确认识客体，而既然能正确认识，那它就是真理。

精神
无形，但可以
思考。
肉体
有形，但无法
思考。
长大后，我要
跟她结婚。
真不知道他成天
想着什么……

那么，人类正确的理性来自哪里，又如何保证它始终都是正确的呢？

为了回答这一问题，笛卡尔不得不导入上帝的概念，指出上帝赋予了人理性，所以人的理性始终是正确的。

但若是作为主体的人过度相信理性，会发生何种事情呢？太过相信理性的人会认为自己的行为都是正确的，于是就会毫无顾忌地对待客体。因为他们会认为，思考的人和所思考的对象是两个不同世界的事物，所以无论带来何种结果都跟自己无关。

最典型的例子就是科学技术的发展。科学的发展会给我们的生活带来很多便利。首先，农业技术得到发展后，人们不用再担心会吃不饱饭；随着医学技术的发展，人们不用再担心会丧命于阑尾炎等疾病；甚至，航空航天技术的发展，使得探索宇宙成为可能。然而科学和技术的发展带来的并非只有好的结果。

例如，工厂里排放出来的废水和喷洒到农田里的农药不仅污染了河流和海洋，还威胁着人类的身体健康。又比如，人类以开发的名义破坏自然，使得无数动植物灭绝。

哪怕短时间内没有异常，但只要生态遭到破坏，其隐患总有一天会爆发出来，并原原本本地反馈到人类身上。如今，人类已经意识到问题的严重性，在为保护自然而做着各种努力，但想要把自然恢复到原来的状态，所花费的时间是难以估算的。

假如人类的理性是正确的，这种事情必然不可能发生。纵观世界各地爆发的战争，有时甚至会觉得人类反而不如那些没有理性的动物。

那么，究竟为什么会发生这样的事情呢？究其原因，是因为人类自以为是的傲慢所致。自命不凡，不知道对自己的行为和想法进行反思，是极其危险的。

人类想要生存就离不开自然。想要呼吸就需要空气；想要不渴死就需要水。但为了获得当前所需的东西而过度开采资源，必然会导致自然的破坏。

笛卡尔主张理性始终正确，所以人类的思想和行为也始终正确。然而当前因人类的自私而遭到破坏的自然告诉我们，他的主张是错误的。我们应该认真探索与自然共存的方法。

不过在那之前，我们应该先思考如何才能用正确的理性去引导正确的行为，同时不妨怀疑一下自己的理性和行为是否正确。

03

先怀疑一下总没有错

我们所具备的知识，可以根据其获取方式，分为两大类：

第一类是通过经验获得的知识。例如关于冰块温度的知识，我们可以通过直接触摸来获得。

第二类是单纯根据逻辑分析得来的知识。其典型例子便是数学。数学是单纯靠逻辑形成的学问。

于是笛卡尔开始依次怀疑这两种知识。他试图怀疑我们所掌握的所有知识，然后从中找出无法再怀疑的知识——真理。

首先，笛卡尔尝试怀疑通过经验获得的知识。我们可以想象一下这个过程：

“那里的山坡上开了黄色的迎春花？我得去看看。咦，原来不是迎春花，而是蒲公英啊。人

的眼睛果然不可靠！等等！那我看到的蒲公英是真实的吗？应该是。毕竟是我用双眼看到的。不，不对！也有可能是我在做梦。梦里看到的自然不算看到，而且即使是在现实中看到的，我也不能肯定那就是真实的。因为它也有可能是恶魔蛊惑我看到的虚假的场景。”

就这样，笛卡尔得出结论：我正在经历的

和通过经验获得的知识是不可靠的。之后，他又开始怀疑通过逻辑获得的知识。

符合逻辑的事情又怎么能怀疑呢？打个比方，笛卡尔尝试去怀疑所有人都认为正确的“一加一等于二”的算式：

“一加一等于二，它应该是正确的。即使是在梦中，我也不能否认一加一等于二。但若是我在每一次计算加法的时候，恶魔都会欺骗我，那我得到的永远都是错误答案，而我会始终认为它是正确的。既然如此，关于数学的知识也无法断定一定就是正确的。”

通过这样的推断，笛卡尔认为即使是通过逻辑获得的知识也不一定就是正确的。经过不断的怀疑，笛卡尔得出结论：人类获得的知识都值得怀疑，而只有我正在怀疑这件事本身是不用怀疑的。

04

统合数学的两个领域

古希腊哲学家柏拉图就曾十分重视数学，传闻他还在学院门口挂上“不懂几何者不得入内”的牌子。笛卡尔同样很关注数学，因为数学是一门通过逻辑就能明确推理出结论的学问。

笛卡尔在数学史上留下了很大的贡献，他将数学的两个不同的领域——几何学和代数学统合到了一起。

简单来说，几何学是一门研究三角形、四边形、圆等图形的学问；而代数学则是研究数、数量、关系、结构与代数方程的学问。

几何学源于古埃及。由于尼罗河每年都会泛滥，而且每次泛滥都会把土地的警戒线给覆盖掉，于是为了分配同样大小的土地，人们开始研究丈量土地的方法。这便是几何学的起源。我们不妨联想一下在地面上画三角形、四边形等图形后计算面积的场景。

后来，源于古埃及的几何学经过古希腊，传播至西方各国。当几何学传入古希腊时，希腊人对图形有了新的见解，毕达哥拉斯①等人带动了几何学的进一步发展。

如果说几何学源于古埃及；那代数则源于阿拉伯。简单来说，代数就是用字母代替数字

① 毕达哥拉斯（约公元前580—约公元前500？）：古希腊哲学家、数学家，提出万物皆数的主张。他证明了毕达哥拉斯定理，即证明直角三角形的两条直角边的平方和等于斜边的平方。

暗藏几何学思维的建筑物——金字塔

埃及的金字塔作为世界七大奇迹之一，是一个底座为四方形的四棱锥形建筑。由于尼罗河的泛滥，埃及人不得不频繁丈量土地，因此几何学发展得十分迅速，也得已创造出金字塔等神奇建筑。

的式子。例如我们用 x 来设定未知数并代入方程式。

到了 13 世纪，东西方之间的贸易往来变得频繁，阿拉伯的代数学自然而然传入西方。

传闻最初接触方程式时，数学家们还做了个谁能先解开方程式的比试。如今我们计算方程式并不是什么困难的事情，但在当时，用字母代替数字是一件令人匪夷所思的事情。

笛卡尔统合涉及图形的学问——几何学和涉及字母的学问——代数学创立出崭新的数学领域。因此，笛卡尔不仅有“现代哲学之父”的称号，还有“现代数学之父”的称号。可以说笛卡尔对西方数学和哲学发展都做出了重要的贡献。

笛卡尔发明了坐标系，使我们可以将平面上的一个点用两个数字来表示。虽然在数学上使用“发明”这个词看着有点夸大其词，但笛卡尔的这项研究确确实实称得上是一项伟大的发明。

当一个平面上两条直线垂直相交时，相交的原点为 0。以原点为中心，位于左面或下面的数为负数；位于上面或右面的数为正数。如此一来，我们就能轻易地理解什么是负数了。

负数是指比 0 小的数。不过由于负数无法用眼睛看到，所以当时的人们很难理解它的概念。假如说苹果有“−1”个，由于看不到，所

以人们很难理解，但若是放到坐标上，人们就能轻易地看到“−1”是什么了。

统合几何学和代数学，即统合图形和方程式是什么意思呢？简单来说就是所有的方程式都能写在坐标上；同时，所有图形也能用方程式来表示。

我们假设用方程式来表示一个圆。

在笛卡尔提出坐标系之前，想要表示一个圆，人们只能用圆规画出一个圆。但自从笛卡尔发明了坐标系之后，人们就可以用 $(x-a)^2+(y-b)^2=r^2$ 的方程式来表示一个圆了。

假如难以理解圆的方程式，我们也不用太过纠结。总之，只要明白由于坐标系的出现，原本只能用图形来表示的圆也能用数字来表示就够了。重要的是用数字来表示圆意味着图形被数量化。

比如，相较于“有一个长宽不同的四边形”的描述，“有一个长 4 cm、宽 3 cm 的四边形”的描述显然更能让人对四边形的大小有更清晰的认知。这便是数量化的意义所在。另外，数量化也是更科学的思考方式。

正如之前提及的那样，笛卡尔时代的西方科学并未能摆脱两千多年前的古人——亚里士多德的思考方式。例如亚里士多德认为，石头之所以掉落到地面，是因为地面是这些物质自然栖息的地方。

由此可见，当时的科学思考方式十分落后。直到后来，牛顿发现万有引力定律，人们才得以用科学的方式解释这些现象。

笛卡尔主张想要解决某些问题，就必须采用数量化的科学思考方式。若非牛顿之前有笛卡尔等数学家，确立了以数量化的方式对事物进行测量的思考方式，说不定人类踏入近代科学世界的时间要推迟许久。

知识要点

- 笛卡尔主张只要没有经过自己切身体会的问题，哪怕是什么权威的结论，都可以怀疑。这就是著名的“怀疑一切”理论。
- 有意识的人，我们称之为“主体”；而主体的认识对象，我们称之为“客体”。笛卡尔作为二元论者，主张精神和肉体是完全分离的不同的存在。
- 笛卡尔认为通过经验和逻辑获得的知识也不可靠，因此试图通过理性来寻求真理。
- 笛卡尔统合几何学和代数学创立新的数学领域，从而对数学的发展做出了重大贡献。

名言名段

笛卡尔的名言名段

我所解决的每一个问题都将成为一个范例，以用于解决其他问题。

——笛卡尔

人生
时代
思想
名言
时事
NEWS
LE PENSEUR
DE
AUGUSTE RODIN
1840–1917

01

我思故我在

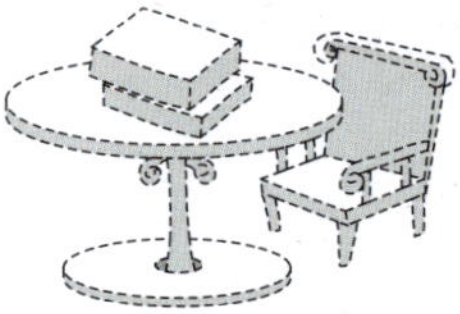

“我思故我在”，笛卡尔的这句名言想必大家都不会陌生。

为了获得确凿的知识，笛卡尔决定怀疑一切自己认识的事物。他怀疑自己周边的事物是否真的存在，也怀疑自己眼睛看到的是否真实。

但哪怕是亲眼看到的也不见得就是真的。就好比我们明明看到太阳从东边升起、朝西边落下，但事实上，转动的其实是地球，而不是太阳。

后来，笛卡尔甚至开始怀疑自己的肉体是否真实存在。最终，他发现不用怀疑的只有正在怀疑时的自己的意识。也就是说，虽然世间的一切都不可信，但抱有这种想法时的自己的意识是必然存在的。

我们的肉体看得见、摸得着、有温度、能移动，笛卡尔认为，认识到自己存在的并非是肉体，而是自己的精神。由此，他才说出了“我思故我在”这句话。

笛卡尔认为人的精神比肉体更加优越。因为他觉得精神始终拥有正确的理性。他甚至认为人的精神，也就是灵魂与肉体是完全不同的实体，而且精神能够脱离肉体而存在。

不过他也没有否定人的身体和心灵之间存在联系。他试图找出身体和心灵之间的联系，最终他把目光转向了“大脑”。

笛卡尔主张人的心灵隐藏在大脑中，因此大脑会驱使包括人在内的动物的身体移动。为了了解大脑如何控制身体，笛卡尔决定亲自进行观察和实验。他到肉铺观察宰杀牛和猪的场景，还带回它们的内脏进行研究。

最终他得出结论：人和动物的身体是一台精密的机械。他表示人的身体中有很多“绳子”“管道”“孔洞”等结构，而它们彼此连接在一起。此外，对于消化器官等内脏的运行和感知，他也表示能够用机械原理进行说明。

在笛卡尔看来，人的身体就是一款精密的自动人偶。不知是不是笛卡尔的主张太过离奇，据说当时还一度有人传言他曾制作自动人偶携带在身上。

另外，笛卡尔表示虽然人和动物在身体运行方面相差无几，但二者之间依然存在很大的差别：人拥有理性，这一点确凿无疑；动物却不具有理性，有的只是身体而已。

02

一切问题都可以转化为数学问题

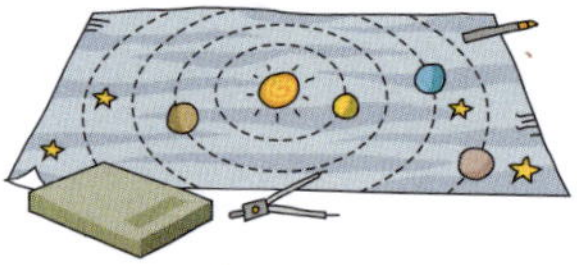

“一切问题都可以转化为数学问题”，这是笛卡尔在 1637 年发表的《方法论》中说过的一句名言。这句话的意思是所有问题只有采用解答数学问题的形式才能获得正确的答案。

事实上，《方法论》的原名叫《谈谈正确引导理性在各门科学上寻找真理的方法》。光看题目就能猜出这是一部讲述如何做研究的作品。

这部作品的特殊之处在于它是用法语来写的。也许有人会觉得一个法国人用法语发表作品很正常，但在当时，关于学术的作品通常都是用拉丁语来写的。

拉丁语是古罗马时代的语言，但在笛卡尔时代，说拉丁语的人极少，因此拉丁语实际上

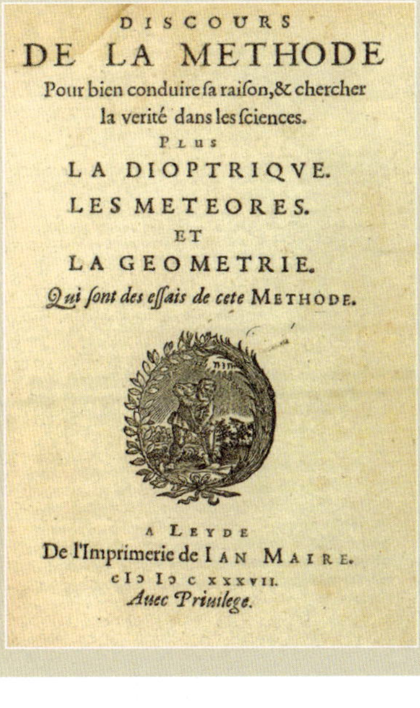
DISCOURS
DE LA METHODE
Pour bien conduire ſa raiſon, & chercher
la verité dans les ſciences.
PLUS
LA DIOPTRIQVE.
LES METEORES.
ET
LA GEOMETRIE.
Qui ſont des eſſais de cete METHODE.

A LEYDE
De l'Imprimerie de IAN MAIRE.
cIↃ IↃ c XXXVII.
Auec Priuilege.

《方法论》

笛卡尔于1637年发表的哲学著作。这本书不仅是笛卡尔的哲学自传，还是学习哲学思维的入门书。

已经名存实亡。但在涉及学术和宗教方面的内容时，使用拉丁语是当时的规范。

所有的学术资料和《圣经》都由拉丁语编著，作为一名知识分子，学习拉丁语在当时是必需的。

但就在这样的时代，笛卡尔反其道而行，出版了用法语撰写的学术作品。因此，《方法论》也被誉为第一本法语哲学书籍。

这本书主要讲述如何在各门科学上寻找真

笛卡尔的半身像

笛卡尔的思想强调思考的人的存在和理性的重要性，对日后登场的斯宾诺莎、康德、黑格尔等哲学家产生了极大影响。

理的问题。在这本书中，笛卡尔提及很多通过理性的力量寻找真理的新方法。

这里所说的新方法是指新的规则和新的知识。通过这样的方法，笛卡尔不仅发现了光的折射定律，还发现了彩虹是圆形的原理。他指出，寻找真理时必须遵守以下几种规则：

> 第一，绝不承认任何事物为真，除非我明明白白知道它确实为真。
>
> 第二，将我们所要检查的每一难题，尽可能分解成许多部分，以作为妥善解释这些难题的要害。
>
> 第三，依照次序引导我们的思想，由最简单、最容易认识的对象开始，一步一步地上升到最复杂的知识。
>
> 第四，处处做周全无误的核算与普遍不漏的检查，直到足够保证没有遗漏任何

一件为止。

——摘自《方法论》

这样的方法同样适用于数学。因此，笛卡尔试图借助数学的形式作为一切知识的形式。

然而并非所有的真理都像解数学题一样能演算出答案，比如现实中关于价值观的问题更是如此。

为了弥补这一点，笛卡尔特意在《方法论》中指出在寻找真理时需要注意的几点：

第一，遵守法律和风俗习惯。

第二，立足于最真的证据做出决定，并坚定不移。

第三，始终要勉励克服自己而不是命运；去改变自己的欲望而不是世界的秩序。

第四，尽力追求真理。

——摘自《方法论》

正如我们所见，笛卡尔在做某件事情之前总是会先考虑好各种情况。上述的第三条原则“始终要勉励克服自己而不是命运；去改变自己的欲望而不是世界的秩序”，便在提醒我们，不要奢望改变世界，先反省自己是否过于贪心。毕竟在笛卡尔看来，除了自己的思想之外，没有一件事情是绝对归自己支配的。

知识要点

- 笛卡尔认为自己思考（怀疑）的行为是真实的，所以正在思考的自己的存在也是真实的。由此，他才说出了：“我思故我在。”
- 笛卡尔主张肉体和精神是两种不同的实体，同时认为两者通过大脑连接到一起。
- 笛卡尔在自己的著作《方法论》中指出，寻找真理时，必须采用数学形式才能获得确凿的知识。

时事关联

虚拟世界，我的真实身份究竟是什么

在网上和网络游戏中，我们会塑造自己的角色，与其他人进行交流。

那么，我的账号角色和我是同一个人吗？

虚拟世界中的我和现实中的我又有什么区别呢？

01

虚拟世界中的我是真实的我吗

如今，人类的活动范围已经从现实领域扩大到通过网络连接的虚拟世界。虚拟世界将我们的精神划分成各种领域，将我们的思想传播到全世界。

即使我们入睡之后，我们的思想也会在虚拟世界中活跃。假如我们沉迷于利用虚拟现实技术（VR）制作的游戏中，我们的精神就会划分为各种虚拟游戏世界。此外，使用博客或各种社交媒体的情况也是如此。这便是生活在现代社会的“我”的面貌。

活跃在虚拟世界中的现代人的身份并不明确。人们容易分不清虚拟游戏世界和游戏外的世界哪个是真实的、哪个是虚幻的，分辨不出游戏中的角色和正在玩游戏的我，哪个是真正的我。

按照这样的推论，是不是可以说，我们的思想并不单单存在于大脑中，还存在于网络中。于是我们遇到了从未接触过的崭新类型的人类。我们的精神不仅活跃于身体中，还会通过游戏中的角色活跃在虚拟世界中，从而制造出“另一个我”。

在虚拟世界中，我们甚至会萌生出想要炫耀自己的欲望。因此，我们往往会把虚拟世界中的自己装扮（培养）得比现实中还要好看（厉害），我们会想方设法地去提高游戏中角色的外表和能力。

提升天生的外貌存在一定的局限性，但游戏中的角色却能根据自己的意愿随心所欲地进行装扮。即“现实中的我”能对“虚拟世界中的我”产生极大的影响。

如此一来，不少人会觉得虚拟世界比现实世界更安逸，从而将其视为安身之地。他们会通过网络游戏交朋友，比现实中的我更加重视游戏中的“角色”。

然而这样的情况会带来一系列副作用。比如，为了升级游戏里的角色而偷父母的钱；将网络游戏之中的争执发展至现实中，等等。

就这样，现代社会的人很多都开始分不清自己的真实身份。

不过若是换成笛卡尔，他又会如何呢？假如换成笛卡尔，他绝对不会混淆自己的身份，因为笛卡尔喜欢怀疑一切。他必然会对虚拟世界中自己的各种角色进行怀疑，然后发现真实的存在是正在怀疑这件事情的自己，而不是虚拟世界中存在的角色。

弄清自己的身份才意味着找到了真实的自己。从这个意义上讲，我们在如今的社会中十分需要像笛卡尔那样思考。因为当我们在虚拟世界中被划分为好几个自己时，必须要理性思考如何找回真实的自己。

02

笛卡尔和彼得·辛格

笛卡尔认为人和动物的身体都像一台精密的机器。唯一的区别是人拥有理性，动物却没有。

笛卡尔认为，动物不具有理性，所以与机器无异。不过也有很多人反对笛卡尔的这种主张，代表哲学家便是彼得·辛格。他撰写《动物解放》《死亡的饭桌》等作品，提倡保护动物权利，指责人类的贪婪和无知。下面就让我们了解一下这二人的思想存在何种差异吧。

动物没有理性

正如先前所说，笛卡尔认为人类拥有理性，但动物没有，所以动物不过是一种“机器”而已。

那么，动物真如笛卡尔所说的那样不过是一种精密的机器吗？假设我们家里的狗得了病。

狗如果是一种机器，那它肯定感受不到痛苦，更不会因此而呻吟，因为机器就算出故障也不会哭闹。但笛卡尔看到动物因疼痛而呻吟的样子，却认为跟机器出故障而发出“嘎吱”声的情况没什么区别。

如今，想必很少有人会像笛卡尔那样认为动物只是一种机器，但像对待机器一样对待动物

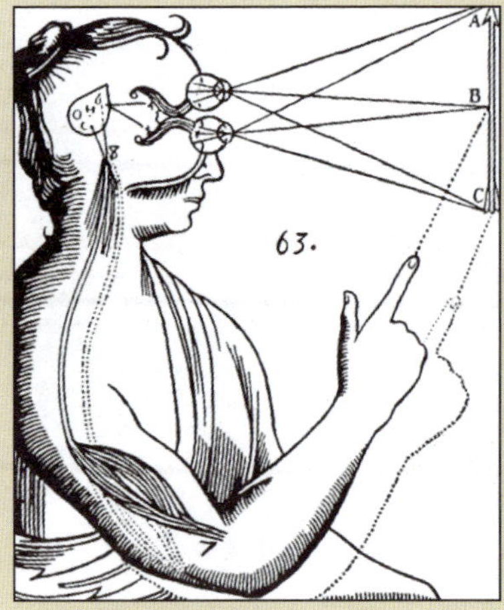

笛卡尔解析眼睛动作和反应的画

笛卡尔把人的肉体比作机器，还以机械的方式解析了眼睛的动作。

的人却屡见不鲜。

虽然不知道笛卡尔有没有像对待机器一样对待过动物，但是如今有个别人会抱有“动物和人完全不同”的观念，然后以折磨动物的方式表现出来。

我们来聊聊，有些人是如何对待动物的。我们爱吃牛肉饼，成为牛肉饼之前，牛是如何生活的呢?

很多人会联想起在草地上啃着青草或拴在牛棚里吃着主人为自己准备的草料的样子。假如牛的生活是这样的，那它们活着的时候应该很幸福。

可惜的是大部分情况并非如此。由于牛经常走动会让肉质变柴、不长胖，所以牛的主人通常会把牛关在牲口棚里，然后用廉价的饲料代替草料，让牛能在短时间内增肥出栏。

养鸡也是如此。自然环境下生长的鸡能活15年到20年，但我们现在很少能看到可以活这么久的鸡。因为肉鸡通常从蛋里孵化出来饲养50天左右就会被宰杀。

相比肉鸡，蛋鸡能活得更久一点，但最多也就能活一两年，生活在狭窄的鸡笼里，整日下蛋，直到死去。

养鸡场中饲养的鸡

为了收获更多的鸡蛋，人们会把鸡关在狭窄的鸡笼里进行饲养。

这些人之所以会做出这样的行为，是因为他们的脑海中有“人拥有理性，所以比没有理性的动物更优越”的想法，即只要对人类有好处，动物可以被随意支配。

当今时代，几乎没有人会视动物为机器，但为动物的悲惨处境着想的人也没有太多。

动物跟人一样能感受到疼痛

反对“人拥有理性，比动物更优越”这一观点的代表人物是彼得·辛格。彼得·辛格是澳大利亚的哲学家，出生于1946年。他主张动物跟人一样能感受到疼痛，所以应该和人一样受到尊重。

如今，重视理性的大部分人认为没必要对不具有理性的动物讲什么权利。在他们看来，道德、权利等东西是拥有理性的人类的专属，而动物连这些东西的概念都不知晓，所以权利什么的也无从谈起。

但彼得·辛格反对这种说法。他认为人类强制圈养动物，让他们像机器一样生产、被宰杀及作为实验对象被滥用，这些行为是一种“物种主义”。

这里所说的物种主义跟我们所知的“种族主义”相近。就像无论是白种人、黑种人，还是黄种人，都是平等的存在那样，彼得·辛格认为人也只是无数动物种类中的一种，因此一个“物种”肆意对待其他物种的行为，其实就是来源于认为人类比其他动物更优越的“物种主义”。彼得·辛格指出

动物也具有像人一样生存并得到尊重的权利。

不过他也表示根据动物有无自我意识和对痛苦的具体敏感度，人类可以对它们采用不同的标准。即大脑结构与人的大脑相似、拥有自我意识、对痛苦敏感度高的哺乳类动物，不应该像鸟类、鱼类那样用于食用或实验。

与笛卡尔不同，彼得·辛格之所以会提出这种理论，是因为如今的科学技术已有惊人发展。在笛卡尔所处的17世纪，人们普遍认为自己与动物存在很大差别，因此他们过于强调理性的重要，从而产生彼得·辛格所批判的“物种主义”的倾向。

此后，随着达尔文的“进化论”登场、基因研究技术得到发展，人们发现人类也不过是跟其他各种生命有着很多共同点的物种之一。

有些人认为，因为人类的智商较高，所以

可以随意地主宰低智商动物的生命。但这样的主张同样站不住脚。因为人也分聪明的人和愚笨的人，但聪明的人并没有权利对愚笨的人为所欲为。

总之，理性和智商并不是一个人支配另一个人或动物的标准。因为无论理性是有是无、智商是高是低，在能感受痛苦方面，人类和动物是一样的。

也有人认为，动物感受不到痛苦。但相关研究结果表明，动物的身体和人类的身体中传递痛苦的神经系统十分相似，能够说明动物也跟人一样可以感受到痛苦。

还有人说，动物表达不出自己的痛苦，怎么知道自己痛苦？但表达不出痛苦也不意味着感受不到痛苦。就像婴儿同样表达不出痛苦，但不能说他感受不到痛苦。

不过上述这些并不意味着与彼得·辛格有相同想法的人主张不吃肉，而是认为应该尽可能地减少这些动物所承受的痛苦。

据说，欧盟的很多发达国家正在制定能够提高动物幸福度的法律。让肉牛、肉猪、肉鸡等动物生活在更加宽敞舒适的环境中，在被宰杀时也不会承受太多痛苦。

通过笛卡尔的故事学习哲学

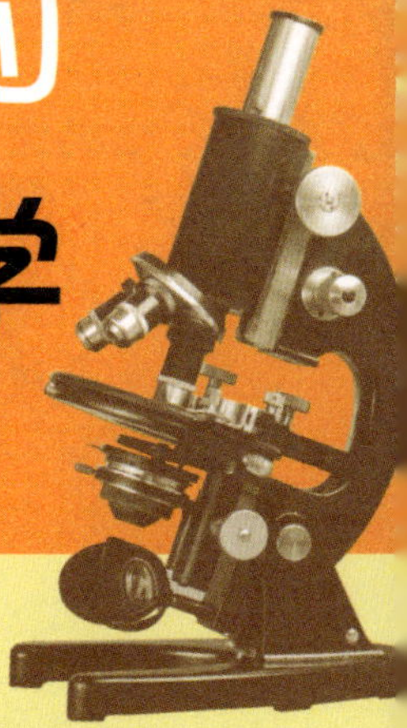

在西方哲学史上，带来翻天覆地影响的哲学家共有三位。

第一位哲学家是苏格拉底。苏格拉底之前，其他哲学家们所关注的始终是世界。如“世界是谁创造的?”“世界是由什么构成的?”等问题才是他们主要关注的对象。

但苏格拉底主张“认识自己的无知”，他将人们的关注点从世界转移到人身上。因此，古希腊的哲学可以划分为苏格拉底之前的自然哲学和苏格拉底之后的以人为中心的哲学。

第二位哲学家是笛卡尔。从苏格拉底时期至中世纪的数千年里，人们一直生活在宗教神权的统治之下。

但笛卡尔发出“我思故我在”的呐喊，强调了人的重要性。他指出人之所以存在并非是因为上帝，而是因为人有思考的能力。

第三位哲学家是尼采。尼采曾留下一句名言:“上帝已死。”当然，笛卡尔之后，有很多哲学家摆脱以上帝为中心的世界，强调人类理性的重要性。

但事实上，尼采之所以提出“上帝已死”，是为批评当时只懂得强调理性的学者们。因为当时的学者们只知道强调人的思想，而忽略了我们生活中其他的重要部分。

从这种角度上来说，笛卡尔确实无愧为引导西方哲学巨变的现代哲学奠基人。也正因如此，笛卡尔所编著的《方法论》《哲学原理》等作品才会一直牢牢占据“必读书籍”目录的前排。

如今，笛卡尔给我们最大的启发是发现个人的重要性，他始终坚信人类追寻真理的能力。

笛卡尔之后，人们基于对人类能力的自信，

获取了许多关于自然和环境的知识，进而去尝试运用这些知识。

如下面内容所描述的那样，为了找出“永恒、普遍、确凿”的真理，笛卡尔努力去怀疑一切知识。而他的这种态度和方法给日后的科学发展产生了极大影响。

> 任何一种看法，只要我能够想象到有一点可疑之处，就应该把它当成绝对虚假而抛掉，看看这样清洗之后我心里是不是还剩下一点东西完全无可怀疑。因此，既然感官有时欺骗我们，我就宁愿认定任何东西都不是感官让我们想象的那个样子。
>
> ——摘自《方法论》

笛卡尔试图用数学的方法和科学的思考方

《哲学原理》

笛卡尔于1644年出版的著作。

式去解释宇宙的一切现象。他认为世界是由物质和运动构成的，就连神创造宇宙时也运用了运动的定律。从这种角度上来说，笛卡尔称得上是最先主张“自然中存在规律”的科学家。

虽然后来发现万有引力定律的牛顿曾批判过笛卡尔的解释是错误的，但另一方面也接受了笛卡尔提出的运动定律的概念，提出了自己的“三大定律”。

笛卡尔留下的《哲学原理》是他对哲学和科学研究结果的集大成之作。不过由于书中的很多内容无法以数学形式进行证明，加上有很多抽象的假设，所以后来也受到很多批判。

但可以确定的是，笛卡尔在科学方面的成就给后世的科学家们带来了很大帮助，同时加快了科学技术的发展。可以说，像笛卡尔一样怀疑一切并不断努力寻求答案的态度，才是学习哲学的正确姿态，也是带动世界发展的原动力。

历史中的笛卡尔

	西方	笛卡尔	东方
1543年	主张日心说的哥白尼去世。		明朝嘉靖年间，严嵩专权。
1558年	英国的伊丽莎白一世登基。		
1590年			丰臣秀吉统一日本。
1592年			朝鲜爆发壬辰倭乱。
1596年		3 月 31 日出生于法国图赖讷。	
1606年		10 岁时就读拉弗莱什的一所耶稣会运营的寄宿学校。	
1610年	意大利的伽利略发现木星卫星。		
1616年		20 岁时进入普瓦捷大学学习法学，并获得学位和文凭。	
1618年	围绕德国爆发新教和旧教之间的三十年战争。	22 岁时加入荷兰军队，并在那里遇到贝克曼。	
1619年		23 岁时通过做梦获得启示。	

	西方	笛卡尔	东方
1628年		32 岁时移居荷兰，并在那里生活二十年。	
1632年	意大利的伽利略主张日心说。		
1633年		37 岁时执笔《宇宙论》。看到伽利略被审判后决定推迟出版。	
1637年		41 岁时出版《方法论》。	
1641年		45 岁时出版《第一哲学沉思集》。	
1642年	英国牛顿诞生。		
1644年			明朝灭亡 。
1649年		53 岁时成为克里斯蒂娜女王的老师。出版《论灵魂的激情》。	
1650年		2 月 11 日，54 岁时在斯德哥尔摩感染肺炎去世。  ▲瑞典的首都——斯德哥尔摩	
1662年			清朝康熙皇帝即位。
1666年	英国牛顿发现万有引力定律。		
1688年	英国爆发光荣革命。		

QUIZ

笛卡尔曾说过：“我思故我在。”他想要通过这句话表达什么含义？

请写一写你的想法。

笛卡尔认为动物没有理性，所以只是一台精密的机器。请问这样的想法存在什么问题？

请写一写你的想法。

Important Message

我们所能想象的所有奇怪和离奇的想法都是其他哲学家说过的东西。

抄写一遍这句名言，思考一下它的含义。

读杰出的书籍，犹如与过去最杰出的人物促膝交谈。

抄写一遍这句名言，思考一下它的含义。

Important Message

我思故我在。

抄写一遍这句名言，思考一下它的含义。

文 | Goodwill 哲学研究所

Goodwill 哲学研究所创立于 2006 年 10 月。创立人员主要以哲学教育和研究经验丰富的教师为主。他们的宗旨是为小学、初高中生及一些哲学论述教育家们，提供关于创意性思考能力的优质教育内容。Goodwill 哲学研究所以专业的学问为基础，横跨人文和自然领域，致力于传播当今哲学和论述教育所需的整体性、综合性的知识。

※ Goodwill 意为善意，相信人性本善，所以在为每个人都能活出个人样而努力。

研究委员

金南寿（毕业于延世大学哲学专业、Goodwill 哲学研究所所长）

金东国（首尔大学美学硕士）

金彩林（首尔大学美学硕士）

李静雅（延世大学英国文学教师）

朴启浩（高丽大学教育学硕士）

夏金红（东国大学物理学硕士）

徐志英（中央大学德国文学博士）

韩正阳（江原大学韩语教育学硕士）

图 | 崔尚奎

曾荣获 LG 东亚国际漫画展、韩国出版美术家协会插画家大奖赛传统童话奖项，现活跃在卡通、漫画、插画等多个领域。

角色设定 | 刘南英

毕业于漫画专业，活跃在角色设计和插画领域，致力于给人们传播快乐、梦想及希望。

图字：01-2022-5699

图书在版编目（CIP）数据

像哲学家一样思考．第一辑．笛卡尔 / 韩国 Goodwill 哲学研究所编著；千日译．— 北京：东方出版社，2023.3
ISBN 978-7-5207-2073-1

Ⅰ．①像… Ⅱ．①韩… ②千… Ⅲ．①笛卡尔 (Descartes, Rene 1596–1650) — 哲学思想 — 青少年读物 Ⅳ．① B-49

中国版本图书馆 CIP 数据核字 (2022) 第 221560 号

像哲学家一样思考（第一辑）：笛卡尔
XIANG ZHEXUEJIA YIYANG SIKAO DI YI JI : DIKAER
作　　者：［韩］Goodwill 哲学研究所
译　　者：千日

策划编辑：鲁艳芳
责任编辑：黎民子
出　　版：東方出版社
发　　行：人民东方出版传媒有限公司
地　　址：北京市东城区朝阳门内大街 166 号
邮　　编：100010
印　　刷：天津图文方嘉印刷有限公司
版　　次：2023 年 3 月第 1 版
印　　次：2023 年 3 月北京第 1 次印刷
开　　本：880 毫米 × 1230 毫米　1/32
印　　张：3.75
字　　数：36 千字
书　　号：ISBN 978-7-5207-2073-1
定　　价：180.00 元（全 6 册）
发行电话：（010）85924663　85924644　85924641

要不要变回原始人

卢梭

［韩］Goodwill 哲学研究所 / 编著
千日 / 译

人民东方出版传媒
People's Oriental Publishing & Media
東方出版社
The Oriental Press

目录

思想理念

自然状态和不平等

名言名段

卢梭的名言名段

时事关联

科技越发达，人是否就越幸福

“

孩子们生来就是人，并且是自由的。他们的自由属于他们自己。除他们之外，任何他人都无权加以处置。

”

在君权神授的时代，有一群人
主张人的本性善良、人生而平等和
自由，而站在他们最前方的人便是
让-雅克 · 卢梭

理想的国家是什么?

卢梭的思想是如何影响到今天的?

让我们进入创造法国大革命思想基础的

卢梭的哲学故事当中一探究竟吧。

人生轨迹

找到不平等起源的思想家

生活在三百多年前的卢梭主张人类社会原本平等，但随着文明的发展，人和人之间开始产生不平等。他所提及的“不平等”和“社会契约”究竟代表着什么含义呢？

JUILLET 1830

01

不平凡的人生

让－雅克·卢梭（Jean Jacques Rousseau）是18世纪法国启蒙主义[①]思想家和教育家，他的人生可谓跌宕起伏。

他从小过着颠沛流离的生活，交往过很多女朋友。不过他也是一位启蒙主义者，既和富翁

① 启蒙主义：兴盛于17—18世纪欧洲的重视理性主义的革新思想。启蒙主义思想打破了不符合现实的传统习俗和制度，引导人类社会进步，为法国大革命和美国独立战争提供了理论基础。

们谈得来，又主张要改革社会。

卢梭1712年出生于日内瓦共和国（如今的瑞士日内瓦）。在他出生的第九天，他的母亲就去世了，这使得他一直对母亲的死抱有负罪感，认为是自己害死了母亲。

雪上加霜的是，卢梭十岁的时候，一直对他照顾有加的父亲突然失去了行踪。原本他父亲只是跟别人发生一些纠纷，但得知自己要被判刑，便选择了逃去国外避难。

不久之后，替父亲照顾他的哥哥也离家出走了，使得卢梭一下子沦为了孤儿。后来卢梭曾在雕刻匠手下当过一段时间学徒，但由于他喜欢幻想和看书，并没能适应学习技术这样的枯燥生活。

1728年，十六岁的卢梭选择离开日内瓦共和国，游历欧洲各国，过上了颠沛流离的生活，这个选择使他走上一段与众不同的人生。

位于瑞士日内瓦的卢梭铜像

卢梭虽然出生于日内瓦，但后来背井离乡、到处流浪，最终选择在法国定居。

这段经历让卢梭看清了特权阶级的堕落和暴行，以及普通民众的辛酸和疾苦，也使得他对人类的本性和社会制度等方面产生了兴趣。一个偶然的机会，他结识了华伦夫人，开始了稳定的生活。

在华伦夫人的资助下，卢梭开始学习音乐，并结交到很多朋友。另外，他还在图书馆里通过自学积累了神学、哲学、文学等各方面的知识，这样的生活持续了十年左右。

后来卢梭选择独立后，做了几年家庭教师，然后毅然前往巴黎。这个选择成为改变卢梭人生的另一个契机。

02

为革命奠定基础

移居巴黎后，卢梭结识了哲学家和启蒙主义代表人物狄德罗[①]。狄德罗也是“百科全书派”的核心人物。

当时在法国，以狄德罗为首的启蒙思想家们正编纂一本名为《科学、美术与工艺百科全

① 狄德罗（1713—1784），法国哲学家，以无神论和唯物主义的立场批评哲学和文学。与启蒙思想家一起属于“百科全书派”，参与编著了《百科全书》。

书》的作品。因此，当时参与编纂工作的狄德罗、伏尔泰、孟德斯鸠等人也被称为“百科全书派”，而卢梭在遇到狄德罗后也加入其中。

已成为启蒙思想家的卢梭，某一天在报纸中看到一则有关“科学和艺术复兴对道德影响”的论文征集广告。

卢梭急忙写了一篇名为《论科学和艺术》

的论文应征，没想到被幸运地选中，而且很快便声名鹊起。那一年，卢梭三十八岁。

几年后，卢梭再次写了一篇论文应征。这次的论文主题是“人类不平等的起源是什么”。当时，卢梭所写的论文就是《论人类不平等的起源和基础》。虽然最后卢梭的论文没被选中，但这篇文章一直被视为他的代表作之一。

在《论人类不平等的起源和基础》中，卢梭主张人类的不平等源于文明的发展，但这一主张遭到当时赞颂文明发展的众多启蒙主义思想家的反驳。从这个时候起，卢梭和百科全书派之间的关系也渐行渐远。

卢梭有着其他启蒙思想家所没有的更广阔的眼界。他虽然认可文明带来的好处，但同样认为要不断缩小现实中存在的不平等差距。

之后卢梭开始减少不必要的社交活动，深居简出，专心写书，并于1762年发表了《社会契约论》。

在《社会契约论》中，卢梭指出国家是根据自由平等的个人之间的契约而成立的。他主张，由可以同时考虑个人自由和权益与公共自由和权益的公民，和政府缔结契约，组成国家权力。卢梭的这种主张为日后对抗君主专制而爆发的法国大革命提供了思想基础。

同一年，卢梭发表了《爱弥儿》一书，受到来自各界的抨击。在书中，卢梭提出人性本善的主张，但基督教主张的却是人天生有罪的“原罪论”，所以卢梭的书被列为禁书，被回收焚烧，卢梭也因此事被捕，面临审判。

从那以后，卢梭就亡命海外，辗转于各国之间，一直过了八年之久才敢重新回到法国。在逃难期间，他经历种种迫害、污蔑及攻击，因此精神上承受了很大压力。回到法国后，他逐渐逃离人们的视线，深居简出，以抄写乐谱来维持生

法国巴黎的先贤祠

原先是一座教堂，后来改为埋葬“伟人”的墓地。雨果、卢梭、伏尔泰、左拉等国家功臣或伟人的墓地就在此地。

计，最终于 1778 年去世，享年六十六岁。

卢梭在世时，他的著作被视为导致社会不稳定的因素而遭到排斥，但在他离世之后，情况却有了极大转变。

1789 年法国大革命爆发之后，革命领导人之一的让 - 保尔 · 马拉（1743—1793）在群众面前宣读卢梭的《社会契约论》。《社会契约论》为法国大革命奠定了思想基础，因此也被称为“法国大革命的圣典”。法国大革命的口号“自由、平等、博爱”也是出自这本书，因此也有人认为正是卢梭引领了法国大革命。

1794年，卢梭的遗体被迁至法国巴黎先贤祠，那里埋葬着法国最伟大的人物。

知识要点

- 度过不幸童年的卢梭在法国巴黎遇到狄德罗之后转变为启蒙主义思想家。
- 卢梭认为文明的发展导致社会的不平等，所以应该缩小这种不平等的差距。卢梭撰写的《社会契约论》为对抗君主专制而爆发的法国大革命提供了思想基础。

趣味小常识

卢梭的三大代表作

《论人类不平等的起源和基础》是卢梭于 1753 年应征第戎学院征文而写的论文，然而没有入选，但于 1755 年出版。这本书共分两部：第一部中主要描述自然状态；而第二部讲述的是对于自然状态下的人类文明得到发展后形成人类不平等的事情进行考察和抨击的内容。

DISCOURS

SUR L'ORIGINE ET LES FONDEMENS
DE L'INEGALITE PARMI LES HOMMES.

Par JEAN JAQUES ROUSSEAU
CITOYEN DE GENÈVE.

Non in depravatis, sed in his quæ bene secundum naturam se habent, considerandum est quid sit naturale. Aristot. Politic. L. 2.

A AMSTERDAM,
Chez MARC MICHEL REY.
M D C C L V.

《论人类不平等的起源和基础》

《社会契约论》是卢梭于 1762 年撰写的作品，主要讲述根据社会契约论和人民主权论实现理想国家。

这本书的全名为《社会契约论与政治权利原理》。这本书为法国大革命提供了思想基础，被誉为近代民主思想奠基之作。

《社会契约论》

《爱弥儿》是于 1762 年出版的小说形式的教育论著，同时也是卢梭本人的人性论和宗教论著作。这本书讲述了一位叫“爱弥儿”的少年与其他孩子分开成长的故事，提出“自然教育”的思想。

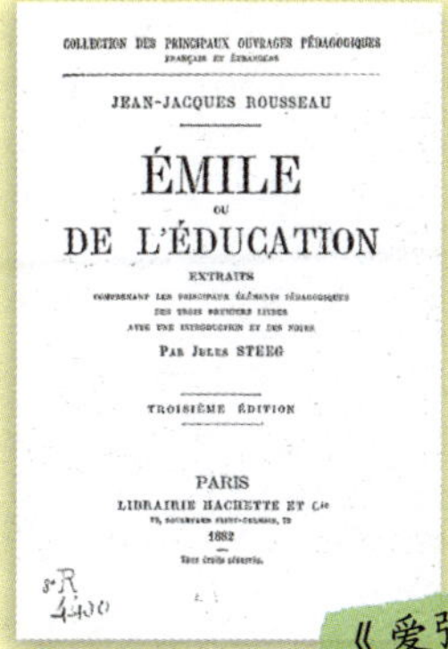

《爱弥儿》

时代背景

君权神授——君主专制的时代

在卢梭生活的时代，包括法国在内的欧洲各国都处于君主专制时期。对此，启蒙思想家们举起反抗的旗帜，提出顺应历史要求的“启蒙”理论。那么，这样的理论对卢梭产生了什么样的影响呢？

01

君主专制时代

卢梭所生活的18世纪是一个极为不平等的时代。因为当时少数人统治着大多数人，绝大多数的财富也聚集在这些少数人手中。相比之下，其他受到统治的人们，生活则十分悲惨。

卢梭所活跃的时期，法国的权力也集中在国王和他下面的少数几个人手中。权力大小依次为国王、第一等级的教士和第二等级的贵族。

第一等级和第二等级的人数加起来大约有40万人，这40万人支配着1800万左右的市民和农民，可以说是极为不平等的等级制社会。

教士和贵族们垄断了国家的所有权力和财富，过着无比奢靡的生活。而且，他们并不需要

纳税。反观市民和农民连饭都吃不饱，却需要承受沉重的赋税。

尤其，位于权力阶梯最顶端的法国国王路易十四不择手段强化君权，还留下“朕即国家”的名言。这说明国王的权力已经达到了巅峰。

路易十四提出“君权神授说”，主张上帝赋予了国王权力。然而国王的权力越得到加强，国民们就越受到压迫。

当时很多人都对不平等的现实心灰意冷，

路易十四（1638—1715）

一生强化中央集权的法国国王，被称为“太阳王”。他在巴黎郊外建立凡尔赛宫，享受华丽而奢靡的生活。

认为世界本来就是这样，自己也没有能力去改变什么。然而一些学者们却不这么想，他们开始深思导致这种不平等的根源。

当然，人类生活的世界原本就是如此不平等，国王、贵族及平民的区分从很久很久之前就存在了，但进入 18 世纪后，人们对社会的不平等有了更多的关注。

究其原因，可以说是科学发展的推动。从 15 世纪开始，科学得到迅猛发展，连带着人们的生活水平也得到了提高。后来德国的约翰·古登堡发明了用铅活字来印刷书籍的机械。从此，人们得以用低廉的价格购买到书籍。

在那之前，书籍可谓是少数人才能接触到的贵重物品。但随着活字印刷机械的问世，人们可以轻易地买到书籍，而原本只有少数人掌握的知识也得到了普及。

不过即使书籍变得常见，也不像现在这样

所有人都能随意读书。但总的来说，相较于以前，生活稳定、具备才智的人多了许多。于是，认为能够通过理性的力量来改变社会的人也相应地多了起来。

当时，人们称这些人为“启蒙思想家”。“启蒙”可以理解为“启发蒙昧，明白事理”。

假如我们对周围的一切一无所知，肯定做什么事情都会畏首畏尾，就像被关进漆黑的洞窟里一样，看不清东西必然会瞻前顾后、畏缩不前。

但若是处在不平等地位的人突然明白自己为何处于这样的境地，以及造成这一切的根源是什么，结果又会如何呢?

当时的启蒙思想家们便是举着火炬，身先士卒引导社会变革的人，其中就包括了卢梭。

君主专制的象征——凡尔赛宫

法国首都巴黎西南方约 22 公里远的地方有一个叫作凡尔赛的城市。这座城市中坐落着具有“史上最大、最华丽的宫殿”之称的凡尔赛宫。凡尔赛宫是路易十四在位期间为加强专制统治、强化中央集权而下令修建的宫殿，路易十四也被称为“太阳王”。

原本这里只是一片狩猎场，路易十四为了彰显自己的君主权威，投入巨资修建一座华丽的宫殿。传闻为了装饰宫殿，他动用了无数艺术家和建筑师，而且工期长达五十年之久。

一座采用巴洛克风格、拥有广阔园林的宫殿就这样诞生了，而且随着路易十四长期逗留此处，凡尔赛也成为王国的首都和政治中心。

凡尔赛宫是世界史上不可或缺的重要场所。美国独立战争和第一次世界大战的停战和约都是在凡

凡尔赛宫中最华丽的“镜厅”

凡尔赛宫于1979年被列入世界文化遗产名录。

尔赛宫签订的。另外，在普法战争中战胜法国的普鲁士国王威廉一世，也是在凡尔赛宫宣布德意志帝国成立，并加冕为德意志帝国皇帝。

02

举起启蒙火炬的人

想要了解卢梭的思想，我们有必要先了解一下霍布斯和洛克二人。因为这两个人对卢梭思想的形成有着至关重要的影响。

霍布斯和洛克都是英国的哲学家。当时在英国，议会的权力要远远大于王权。但在欧洲其他国家，由于宗教背景的影响，国王的权力要更强一些。有些国王还提出“君权神授”的思想加强专制统治。

对此抱不同意见的人开始思考与国王和上帝相反的概念——“自我”。最先提出这种思想的人便是霍布斯和洛克。后来他们的思想传入法国，也令卢梭大受启发。

主张君主专制的霍布斯

霍布斯所生活的时代是中世纪教会权力衰落的时期，因此君权神授说的影响力早已大不如前。

然而霍布斯却是君主专制的绝对拥护者。他十分推崇脱离教会影响的国家权力。他为何会有这种想法呢?

霍布斯认为人的本性是自私和贪婪的，因此在“自然状态”下，人们会为了保障自己的利益而不断与别人进行争斗。这里的自然状态是指文明得到发展之前的原始状态。这种自然状态发展到一定程度形成了国家和文明发达的社会。

霍布斯指出，保护自己免于暴力死亡是人类的最高使命，所以有权保住自己的性命，即受到死亡威胁时，可以尽一切所能来保护自己。

但若是真的为了求生而不择手段，结果会如何呢？我们会成为除自己以外所有人的敌人，彼此刀剑相向。如此一来，原本的求生行为反而会成为加害别人的行为。

霍布斯视这种自然状态为“万人对万人的斗争”，他表示，为了维持混乱中的秩序，每个人应该适当放弃个人的权利，再将其交付给一个人来行使，这个人便是所谓的绝对君主或国家权力。

为了维持社会秩序，这个绝对君主需要进行立法，而其他人既然已经转交了相应的权利，就有义务遵守这个法律，否则就要接受惩罚。同样，君主也需要遵守法律。

霍布斯整理自己的这种想法，出版了一本名为《利维坦》的著作。事实上，“利维坦”是《圣经》故事中的一种强大的海怪。书中，每个人将各自的权利交付给强大的怪物——绝对君主或国家，人们才得以摆脱相互杀伐的混乱局面，享受和平、安全的生活。

利维坦

霍布斯于1651年发表的政治学著作。书中，霍布斯将摆脱教会影响的国家权力比作是神话故事中的强大海怪——利维坦。

这种学说主张社会或国家是由人们签订自由、平等的协议或契约所形成的，我们称之为“社会契约说”。

霍布斯是首次提出社会契约理念的人。霍布斯认为，想要约束本性自私的人类，结束相互杀伐的混乱局面，权力就必须强大。如此一来，就必然出现强有力的统治者。但霍布斯认为，与其生活在水深火热的混乱秩序下，还不如生活在绝对君主的统治下。

事实上，霍布斯的思想处于认为应该由国王统治百姓的封建主义，和认为权力来自国民的民主主义的中间。他虽然主张君主强权，但并不认为这种绝对权力来自上帝，而是认为权力来自国民。

而进一步发展霍布斯这种思想的人便是约翰·洛克。

提倡分权的洛克

约翰·洛克1632年出生于英国，也就是霍布斯出生44年后，约翰·洛克出生了。洛克对于自然状态的看法跟霍布斯完全一致，他认为即使在自然状态下，人们同样自由而平等。

洛克指出，在自然状态下，人们具有通过劳动积攒财富的自由和权利，同时还具有保护自己的生命和财产的权利，以及对危害自己性命和财产的对象实施处罚的权利。

这种以通过人类的理性保持自然秩序为前提的法则便是“自然法”。从理性的角度来说，无缘无故地攻击和伤害别人的行为，对于当事人双方是没有任何好处的。因此，洛克认为自然状态下的人们完全可以过上自由、平等的生活。

洛克以自然法为基础，阐述了文明社会，

约翰·洛克
（1632—1704）

英国的哲学家、政治思想家。洛克强调教育的重要性，认为人的本性不是天生就规定好的，而是通过环境对个人的影响形成的。

即国家形成的理由。

在自然状态下，人们很难凭借自己的力量去守护自己的财产。因为他不可能不眠不休地只盯着自己的财产而不劳作。另外，当与别人发生矛盾和争斗时，比如彼此围绕财产的所有权发生矛盾时，很有必要有人为他们做出裁决。于是人们转交自己的部分权利于国家，与国家签订契约。

而个人与国家签订契约后，就不能像之前那样为了保障自己的生命和财产为所欲为。根据契约，国家会对个人所能做出的行为做出限制。例如，它会限制个人为了保护自己的财产而侵害他人财产的行为。

另外，即使对损害自己财产和生命的人进行处罚，也是由国家来执行，而不是由个人来实施。即哪怕逮住偷盗自己物品的人，也不能随意地进行殴打或囚禁，而是应该让他根据国家制定好的法律接受处罚。

洛克的这种想法与霍布斯的思想并无太大出入。唯一的区别在于，洛克认为国家，即政府，不能拥有过于强大的权力。

他认为政府的权力是人民根据契约而上交的，所以一旦政府犯错，人们有权回收这些权力。假如统治者不仅没有保护人民的利益，反而利用手中的权力去剥削和压迫人民，人们就有权利通过暴力去推翻统治者，即可以通过革命推翻政府。

因此，不同于强调绝对权力的霍布斯，洛克主张将国家权力分为行政机关和立法机关。

行政机关就是行使国家权力的地方，而立法机关则是制定国家法律的地方。相当于现在一些国家的政府和议会。

当一个人或一个部门的权力过于集中时，就会存在滥用权力的可能性，而且这样的事情一旦发生就很难改正。

但若是按照洛克的主张将权力划分为行政机构和立法机构，不仅出现独裁的可能性降低，彼此之间也可以相互进行监督和掣肘。比如，当行政机构想要滥用职权时，立法机构可以制定阻碍它的法律；而立法机构制定错误的法律时，行政机构也可以进行阻挠。

不过洛克最重视的无疑是立法机构。他主张立法机构的权力要强于行政机构。在他所生活的英国，政事都是由国王和议会进行把控，而他认为政治的中心必须由议会来担任。他的这种思想为日后议会民主制的诞生提供了基础。

引导法国启蒙的百科全书派

英国哲学家霍布斯和洛克的思想传播到对岸的法国后，给法国的启蒙思想家们带来了极大影响。当时的法国人在君主专制的阴影下过着水深火热的生活，霍布斯和洛克主张的君主权力并非神授而是来自人民的思想，无疑正是法国当时的境况所需要的。

法国的启蒙思想家们认为人的理性可以改变社会。于是他们决定携手编纂一部包含所有人

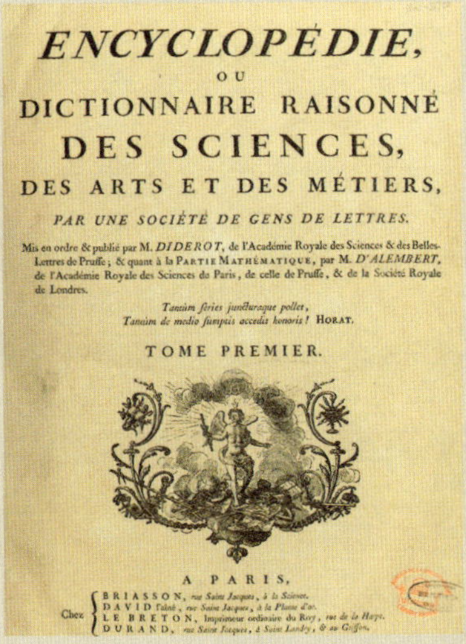
ENCYCLOPÉDIE,

OU

DICTIONNAIRE RAISONNÉ

DES SCIENCES,

DES ARTS ET DES MÉTIERS,

PAR UNE SOCIÉTÉ DE GENS DE LETTRES.

Mis en ordre & publié par M. *DIDEROT*, de l'Académie Royale des Sciences & des Belles-Lettres de Prusse; & quant à la PARTIE MATHÉMATIQUE, par M. *D'ALEMBERT*, de l'Académie Royale des Sciences de Paris, de celle de Prusse, & de la Société Royale de Londres.

Tantùm series juncturaque pollet,
Tantùm de medio sumptis accedit honoris! HORAT.

TOME PREMIER.

A PARIS,

Chez BRIASSON, *rue Saint Jacques, à la Science.*
DAVID l'aîné, *rue Saint Jacques, à la Plume d'or.*
LE BRETON, Imprimeur ordinaire du Roy, *rue de la Harpe.*
DURAND, *rue Saint Jacques, à Saint Landry, & au Griffon.*

《百科全书》的封面

法国启蒙思想家们编纂的一部百科全书，共分为35册。

类通过理性获得的知识的书籍，也就是我们之前提及过的《百科全书》。

他们编纂《百科全书》花费的时间长达30年，而且由于其中包含很多批判国王和教会的内容，曾一度被限制发行。

但《百科全书》的面世使得过去寥寥几人掌握的知识，即人类理性造就的成果，渐渐被越来越多的人掌握，而《百科全书》也脱离单纯的知识汇编的范畴，成为人类理性力量的一种象征，对后来的法国大革命也产生了极大影响。

知识要点

- 卢梭所生活的 18 世纪是君主权力无比强大的君主专制时代，同时也是一个极为不平等的时代。不过随着启蒙思想家们逐渐崭露头角，法国也站在了时代变革的正中央。
- 英国人霍布斯和洛克主张国家是在社会契约的影响下形成的，但他们对自然状态和国家权力的看法却产生了分歧。尤其是洛克的思想为日后民主制度的形成产生了至关重要的影响。卢梭也从霍布斯和洛克的社会契约说和自然法中受到很大启发。

思想理念

自然状态和不平等

卢梭认为，人类进入社会之前，即自然状态下不存在不平等的情况，但随着社会的发展，人与人之间的不平等变得越来越严重，而想要解决这一问题就必须签订契约。那么，他所说的契约究竟是什么呢？

人生
时代
思想
名言
时事
NEWS

01

不平等的起源

在我们的社会中，每个人拥有的财富和权力都不相同。然而这种不平等是如何形成的呢？想要知道其中的原因，我们就有必要先了解一下，在这种不平等形成之前，人人平等的状态。

卢梭认为，自然状态下不存在不平等的情况。从这种角度上来说，自然和社会是一个对立的词。在进入社会之前的状态，我们可以称之为自然状态。

当然，自然状态中还包含山、海、江等一切事物，但若是只考虑人类等拥有生命的存在，我们可以将它们分为两种类型：一种是动物；另一种是植物。

我们不妨先想象一下动物们的状态：在大草原上，狮子狩猎羚羊饱餐一顿之后，鬣狗们扑过来将剩下的残渣撕扯干净。这便是一种在弱肉强食生存法则支配下形成的可怕的自然状态。

当然，自然状态也并非都是这种可怕的场景，动物之间也存在像植物一样和谐生存的自然状态。不过植物之间也不见得就一定会和平

相处。它们之间虽然不会像动物一样争得血肉横飞，但也会展开一系列我们的肉眼看不到的竞争。

比如，树木之间也会为了争夺阳光，将自己的枝叶伸得更远；为了争夺水分，也会把根系扎得比对方更深。可见在自然状态下，无论是植物还是动物，都会为了生存而彼此竞争。

假如这就是动物和植物的自然状态，那人的自然状态又是什么样的呢?

卢梭表示，在社会尚未形成的时候，人与人之间不存在不平等的关系。因为他们之间往往相隔得很远，所以彼此影响不到对方，也就不存在不平等的概念。

卢梭认为进入社会之前的原始状态中的原始人一定是温和、高贵、善良的，只不过随着时间的推移，导致社会的不平等变得越来越严重。因此只要回溯到自然状态，不平等的现象就会渐渐消失。按照如此推断，他认为人类在自然状态下，没有不平等的现象。

> 实际上，再没有比原始状态中的人那么温和的了。在那个时候，人被自然安排在野兽的愚钝和文明人的贤明之间，他为本能和理性所限，只知道防备所面临的祸害的威胁，同时为自然的怜悯心所制约，不会主动地加害于人，即使受到别人的侵害也不会想着去报复对方。
>
> ——摘自《论人类不平等的起源和基础》

事实上，在卢梭的时代，人们很难想象原始社会的生活场景，但如今，我们能很轻易地联想到。

如今在遥远的亚马孙雨林深处，也依然存在与世隔绝并保持原始生活的部落文明，通过观察他们的生活，我们可以大致还原出原始时代人们的生活场景。观察他们生活的场景，我们就会发现卢梭的想象并非无稽之谈。

生活在森林深处的原始部落成员们虽然食物并不充足，但一起分享，彼此之间关系和睦、融洽。另外，各部落之间的距离很远，所以引发争斗的情况也很少。正如卢梭所说，人们过得十分和平。从这种角度上来说，卢梭认为自然状态下的人类比现代人更温和、更善良的说法并没有错。

不过卢梭并不认为平等自由的生活就一定是幸福的，每个人生活的地方都相隔很远，虽然没有不平等，但一定过得十分孤单。

卢梭觉得自然状态下的人类虽然过得很孤单，但至少很和平。这里所说的和平是指彼此平等和尊重，但严格来说，在那种环境下也存在不平等，也就是由于人的形象不可能完全相同而形成的不平等。卢梭称其为“自然的”或“生理的”不平等。

还有一种不平等是“道德的”或“政治的”不平等。自然的不平等或生理的不平等是自然状态下就存在的不平等，而道德的不平等或政治的不平等，则是人类进入社会后形成的不平等。

另外，自然的不平等或生理的不平等是人生下来就有的不平等。例如，有些人天生唱歌唱得好或天生跑得快；此外，还有人天生长得好看、天生长得壮、天生力气大等。这种与生俱来的差异，便是自然的不平等或生理的不平等。

我认为在人类中有两种不平等：一种，我把它叫作自然的或生理的不平等。因为它是基于自然，又由年龄、健康、体力，以及智慧或心灵的性质的不同而产生的。另一种可以称为道德的或政治的不平等。

因为它是源于一种协议，由人们的同意而设定的，或者至少是它的存在为大家所认可的。第二种不平等包括某一些人由于损害别人而得以享受的各种特权，譬如：比别人更富足、更光荣、更有权势，或者甚至叫别人服从他们。

——摘自《论人类不平等的起源和基础》

每个人出生时都具有不同的外貌或能力，而且即使拥有相同的能力，其能力大小也存在一定的差异。但卢梭认为在自然状态下，这种自然的不平等的差异带来的影响并不大，而它真正成为问题是从人类群居生活开始。

因为独自生活时，一个人长得好看还是难看、歌唱得好听还是舞跳得好看、头脑聪不聪明等都没有必要进行比较，也就更没有必要去考虑平等与否的问题。

但当人们开始群居生活之后会如何呢？当大家欢聚一堂、分享喜悦时，歌唱得好听的人必然会受到其他人的瞩目和赞扬。原本独自生活在自然状态下时没有不平等的情况发生，但自从人们开始群居生活后，有些人会受到瞩目，有些人则会受到冷落，于是不平等就会体现出来。

问题在于，这样的不平等会随着时间的推移变得越来越大，最终，受到人们关注较多的人获得更大权力，便会开始支配其他人。

在自然状态下，只能通过狩猎来果腹的时代里，有狩猎天赋的人会受到人们的关注，然后渐渐开始指导或指使别人去狩猎或做事，最终极有可能成为带领其他人的领导者。

拥有唱歌天赋和舞蹈天赋的人也是如此。当狩猎结束，人们聚在一起分享喜悦的时候，这些能歌善舞的人就会成为引导这个聚会的领导者。

这样的能力并不局限于狩猎或唱歌跳舞。以后出现了能够带领大家的、拥有知识能力的领导人。而既然有了领导人，追随他的人也会随之产生。

如此一来，人类便渐渐脱离自然状态，而形成一个社会，社会的发展程度越高，人类政治上的不平等差距就越大。正如卢梭所说，并非是人类天生拥有的能力造就了不平等，而是这种能力上的差异在人类进入社会后形成了不平等。即在自然状态下，自然的不平等不会成为问题，但一旦进入社会则必然会产生各种问题。

02

追求平等的社会契约

为了抵御来自野兽和自然灾害的威胁，人们开始群居生活，但在群居之后，人类就脱离了自然状态，人群中出现了一些可以命令别人、制定规则、让其他人各司其职的人。

于是自然能力的差异将人分为统治者和被统治者。然而，若是统治者被手中的权力冲昏了头脑，滥用权力，那么被统治者将付出极大的牺

听从我的
号令!
可恶，看来我
也得培养自己
的权力了……

牲，甚至会付出生命的代价。

在过去，统治者掌握着被统治者的生杀大权。

事实上，这样的社会现象在动物们的生存环境中更为常见。狮子、狼、鬣狗等都是群居动物，每个族群中都有一个首领。而不听首领的话意味着被赶出族群或被杀死。

动物们的这种情形在人类社会中也会出现。当然，在古代也有不得无故打人或杀人的法律。但这种法律是由统治者制定的，具体适不适用也要看统治者的意愿。

人不同于动物，若是被要求一味服从首领的命令，很有可能会引起反弹。因此，彼此之间会签订契约：如统治者可以做什么、不可以做什么；被统治者可以享受什么权利等内容。总之，所谓的契约就是为了防止包括统治者和被统治者在内的所有人的利益受到侵害而制定的规则，签订契约可以说是人类社会的一大特点。

人的最原始的感情就是对自己生存的感情。社会契约的目的是保障契约各方的生存。刑事犯罪的死刑也可以用同样的理由看待。为了不成为被谋杀的受害者，每个人就必须同意，一旦他自己成了谋杀犯，他就得偿命。这远不再是放弃生命了，而是他认为这是使生命更安全的方法；我们可以假定契约各方没人自愿上绞架。

——摘自《社会契约论》

按照卢梭的解释，社会契约是一种对所有人有利、专为人类而制定的约定。人是活着的生命体，所以最重视自己的生命。但既然重视自己的生命，同样也需要重视别人的生命。因此，人们需要签订不可以伤害别人的契约。

提到契约，人们通常会联想到通过谈判和协商制定的协议。但事实上，这里所说的契约指的是社会全体成员都认可的一种“规则”。因此，它才会叫“社会契约”。不过，虽然它的名字叫社会契约，但并不需要由所有社会成员亲自签订。

每个国家都有该国家制定的宪法形式的契约，而且即使每一位国民都没有直接在“契约”上签字，但只要属于该国的国民就等同于认可这份契约。

因此，不遵守契约亦等于违反该社会的契约——法律。而不遵守法律则会受到相应的处罚，这种处罚中也包含动物族群中才会发生的驱逐或死亡。

但这并不意味着人类社会和动物族群完全相同。在动物族群中，首领的命令即是法律，而不服从便会被杀死。但在人类社会中，只有违反全体成员约定的社会契约时才会受到处罚，人类与动物的区别就在于此。另外，法律还会根据人民的意愿不断被调整。

社会契约适用于所有人，并且一视同仁。不会发生某个人违反契约，但由于对方有钱或有势而不被处罚的事情。这一点就算是拥有执法权的警察也不例外。例如他不能因为自己心情好就不给超速的人开罚单。

通过社会契约，人们将失去肆意妄为的自由。例如人们不能随意地过马路；不能随意地抢夺别人的物品；更不能随意殴打自己讨厌的人。

另外，遇到别人殴打我们，我们也可以通过社会契约，依法来处罚对方。假如受到伤害可以随意报复会如何呢？人们会争得你死我活，社会将陷入混乱之中。由此可见，经过签订社会契约，人们虽然失去了肆意妄为的自由，但也获得了其他的自由，即财产和权利将得到法律的保障。

> 人从公民社会中还获得了道德的自由，从此人成为自己真正的主人；因为纯粹贪欲的冲动只会使人成为一种奴隶，而我们对自己制定的法律的服从才是真正的自由。
>
> ——摘自《社会契约论》

卢梭表示签订社会契约是为了保障平等的生活。在他看来，人虽然在天赋或生理上不平等，但由于签订社会契约，所以在法律上是平等的。

> 通过社会契约，虽然他失去了自然赋予的一些权利，但他收到的回馈远超出了他的付出：他的潜能得以开发，他的思维

得以扩展，他的感情变得高尚，他的灵魂也得到升华。只要这一新生的环境不受到破坏使他生活更加困苦，人必然会接受这一公民社会而永远走出他的自然国度，从此他成为智慧的人，而不再是愚昧的动物。

——摘自《社会契约论》

03

社会契约的历史

1688年，英国发生了一场政变使得议会民主制在那里初具雏形，由于这场政变没有流血、和平成功，所以也被称作“光荣革命”。光荣革命爆发后的第二年，即1689年，英国议会制定了自己的法律——《权利法案》。

当时英国的国王詹姆斯二世利用手中的权力肆意妄为，使得英国国内民不聊生。于是忍无可忍的人们举起反抗的旗帜，将国王赶下王位。这便是光荣革命。

借助光荣革命的成果，英国议会制定并通过了保障民众权利的法案。该法案保障了民众的选举自由、言论自由等权利，同时也极大限制了国王的权力。这就是所谓的《权利法案》。

事实上，《权利法案》是国王和贵族之间签订的法案。由于不是现在的这种民主主义时代，

所以法案并没有反映所有民众的意见，但至少限制了王权、保障了议会的活动不受阻挠，所以在某种意义上也加快了民主主义的步伐。

事实上，早在13世纪，英国就签订过一份名为《大宪章》[①]的宪法性文件。只不过这份文件是当时英国贵族们逼迫国王签署的协议，所以很难将其视为契约。

不过有些国家早在数千年前就曾出现过法律。例如古巴比伦曾于公元前1750年颁布《汉谟拉比法典》，是世界上现存的第一部比较完备的成文法典。由于当时人们尚未学会造纸，所以这部法律的内容被刻在一段巨大的石柱上。

其实，人类社会实际缔结契约的时间比《汉谟拉比法典》出现的时间更早。因为没有事

① 《大宪章》：1215年英国贵族逼迫国王约翰签署的限制王权和扩大领主权利的文件。作为英国第一份宪法性文件，《大宪章》为英国君主立宪制的出现奠定了基础。

《汉谟拉比法典》

古巴比伦国王汉谟拉比在大约公元前1750年颁布的法典，同时也是世界上现存的第一部比较完备的成文法典。《汉谟拉比法典》被刻印在高度为2.25米左右的石柱上。

先约定好的规则，人们就无法形成社会。但不可否认，《汉谟拉比法典》确实也是人类已知的最早的成文法典。

在社会规则中，也有一些不成文的规定，我们称这种规定为“习惯法”。习惯法虽然没有经过明文规定，但经过人们长时间习惯性地遵守，早已成为一种默认的规则。

那么《汉谟拉比法典》和《权利法案》的区别在哪里呢？

首先，《汉谟拉比法典》表现了不同于动物的人类群体的特性，即只有人才能制定这样的法律。当然，通常都由国王单方面制定并发布。

反之，《权利法案》是国王和贵族通过协商制定的合约，因此称得上是社会成员第一次为了解决不平等带来的矛盾而签订的契约。

不可否认，西方国家采用民主制度的时间比东方国家要早，资本主义经济也同样始于西方。对于这种状况，卢梭曾给出一份有趣的见解。

卢梭用“冶金”和“农业”来举例说明。冶金是指从矿物中提取金属，再用来打造金属工具。简单来说就是制造青铜器和铁器的技术。卢梭认为，西方的冶金技术是领先世界的。

事实上，论制造铁器的技术，东方亦不逊于西方，所以只凭这一点并不能解释清楚欧洲文明发达的缘由。但可以确定的是，冶金技术的出现确实带动了人类文明的快速发展。

既然欧洲和亚洲的冶金技术都很发达，那么两种文明之间的差别究竟在哪里呢？卢梭认为，欧洲文明之所以发展得更快，是因为欧洲盛产小麦。

虽然欧洲文明和亚洲文明存在很多区别，但最关键、最重要的不同之处在于前者种植小麦，而后者种植水稻。即欧洲以面粉制作的面包为主食，而包括中国、韩国在内的亚洲则以米饭为主食。

想要收获更多的粮食，需要更广阔的土地，也需要开垦土地的金属农具。不懂得冶金技术，则无法制造出金属农具的文明，也就无法进行大规模耕种，最终在衰退中消失。

相比之下，铁器技术发达的欧洲和亚洲文明则可以进行大规模耕种，而收获充足的粮食又使得人口大幅增加。

耕种面积变大，收获的粮食就会变多，也就不用所有人都从事农业生产。如此一来，不进行农事生产的人会致力于发展文化，最终带动文明的进步。

冶金和农业这两种技术引起了巨大的变革。使人文明起来，又使人类没落下去的东西，在诗人看来是金和银，而在哲学家看来是铁和小麦。冶金和农业这两种技术，都是美洲野蛮人所不知道的，因此他们一直停留在未开化状态；其他民族，在还不能同时运用这两种技术的时候，好像也仍然停留在野蛮状态。欧洲的开化，与其他各洲相比，虽不算早，但我们至少可以说它的文明在发展的过程中较少间断，因此，文明化的程度也较高；其所以如此，最主要原因之一，或许是因为欧洲不仅是产铁最多，同时也是产小麦最为丰富的地方。

——摘自《论人类不平等的起源和基础》

既然欧洲盛产小麦，亚洲盛产水稻，那为什么种植小麦的欧洲后来的现代化程度要高于种植水稻的亚洲呢？

大约在1000多年前，盛产水稻的亚洲文明程度要高于盛产小麦的欧洲，当时带动欧洲文明发展的重要科学技术也都来自亚洲，也就是由东方传入。最典型的例子便是印刷术、造纸术、火药、指南针，以及利用指南针的航海技术。

但是不知从何时起，欧洲文明悄然超越了亚洲文明。其原因之一在于欧洲种植小麦。

众所周知，种植水稻不仅需要更多的人力，还需要用更多的水进行灌溉。然而想要稳定地供应水，需要建立大型的水利设施；建立大型水利设施，需要很多人通力合作；想要调动如此多的人，又需要国家来发号施令。

例如，有大型河流穿过的中国和埃及，早在三千年前就形成了庞大的国家。受此影响，在很长一段时间里，亚洲都维持着国家统治个人、个人受国家统治的关系。

反观种植小麦的西方，国家统治个人的关系并没有持续很久。因为种植小麦不像种植水稻那样需要灌溉大量的水。

由于小麦成长时所需的水分不多，所以在欧洲并不需要建立大型的水利设施，也没必要召

东方
种植水稻，主食——米饭
需要灌溉农田的水利设施
大规模人力
集体主义文化
西方
种植小麦，主食——面包
不需要额外的水利设施
小规模人力
个人主义文化

集太多的人力。因此，相较于亚洲，欧洲不需要出现巨大的国家。

由此可见，种植水稻和种植小麦的差异也导致了东方和西方之间人际关系的差异。东方人需要一起灌溉农田，所以聚在一起生活，同时也重视人与人之间的关系；相反，西方人没有这种需求，所以彼此独立生活，从而个人主义倾向更强。

正因如此，起初的时候东方的文明程度更高，但后来引导文明发展的反而是西方。除此之外，相较于东方重视人际关系的集体主义文化，西方重视个人能力的个人主义文化更注重现实。因为从300年前开始，带动人类的文明发展的是工业而并非农业。正因如此，卢梭才会认为主导文明发展的是基于个人主义的西方文明。

知识要点

- 卢梭主张在自然状态下不存在人类不平等的现象。这里的自然状态是指人类进入社会之前的状态。
- 卢梭指出不平等分两种：人类天生具有的自然的、生理的不平等和人类进入社会后形成的道德的、政治的不平等。
- 社会契约是指社会成员都认可的规则。每个社会往往以宪法的形式存在契约，所以只要是社会成员，就视为同意社会契约，并且遵守法律。

趣味小常识

中国的四大发明

四大发明是中国古代创新的智慧成果和科学技术，包括造纸术、印刷术、火药和指南针。造纸术为人类提供了经济、便利的书写材料；印刷术促进了人类文化的传播；火药改变了战争中的作战方式；指南针促进了世界文明的交流。四大发明对人类文明和科学技术的发展做出了巨大贡献。

这些发明的具体出现时间尚未有定论，只知道纸最早出现于公元前 2 世纪的西汉；印刷术、火药及指南针则出现于 10 世纪—11 世纪的宋朝。当时的宋朝是世界上最文明、最发达的国家。

后来中国的四大发明经过阿拉伯陆续传入欧洲，对欧洲科学发展产生了巨大的影响。13 世纪时传入欧洲的指南针更是成为欧洲开启大航海时代的契机。新航路开辟后，欧洲各国发动战争，在美洲、非洲、亚洲夺取了大量殖民地。

古代中国的指南针——司南

用天然磁铁矿石雕琢成一个勺形的指示物，放在一个光滑的盘上，利用磁铁指南的作用来辨别方向。

名言名段

卢梭的名言名段

自然曾使人幸福而善良；但社会使人堕落而悲苦。

——卢梭

人生
时代
思想
名言
时事

01

回归自然

众所周知，“回归自然”是卢梭的一句名言，但卢梭是否真的说过这句话还有待考证。不过可以肯定的是，这句话浓缩了他批判文明社会堕落的思想。

按照卢梭的理解，在自然状态下的人类原本不存在不平等的情况，但人们摆脱自然、走进社会之后，不平等就开始出现，而且随着社会越来越进步，这种不平等的差距就越来越大。

这里的自然状态是指人类形成国家或社会之前的时代。卢梭认为自然状态下的人类无比温和、善良。肚子饿了，他们就会采集野果、狩猎动物进行果腹，并从中感受幸福，而且不会主动去伤害别人。但随着社会的发展，一些天赋比别人出众的人掌握权力，开始统治别人，从而形成了各种不平等。

从结果上来说，“回归自然”并不是让人们回到原始时代，而是呼吁人们在现实生活中找回自然状态下的人类所具备的那种善良的初心。

02

孩子的自由属于他们自己

卢梭对人类社会和人类文明的独创思维还延伸到了教育领域。这一点我们可以从卢梭的得意之作《爱弥儿》中窥见一斑。

如之前所说，卢梭认为人的本性是善的，只是进入社会阶段后发生了转变。卢梭的教育思想便是由此展开的。

《爱弥儿》以小说的形式，讲述了一名孤儿从出生至结婚的成长过程，主要反映了人类该如何教育。“爱弥儿”是作品中少年主人公的名字。

孩子们生来就是人，并且是自由的。他们的自由属于他们自己。除他们之外，任何他人都无权加以处置。

——摘自《爱弥儿》

《爱弥儿》这本书包含了卢梭对教育的观点。在他看来，相较于生活在社会中的人类，生活在自然状态下的人类更加幸福，因此比起孩子们成年之后的大人模样，成为社会中人之前的孩子的模样更值得提倡。

孩子们掌握的知识远远比不上成年人，但懂得多并不意味着就一定幸福。卢梭的这种思想放在当时无疑是十分超前的。

卢梭认为，不能强迫孩子像成年人一样行动。另外，社会的形态是不平等的，不能强加给孩子。

卢梭指出教育的目的在于让孩子继续保持原本具有的善良，因此不应该强制灌输一些违背自然的思想，而是要遵循自然的教育方法。

> 成人之前，孩子应该像孩子一样去生活。这是自然秩序。如果我们非要违背自然秩序，用各种人为的方法催熟那些未成熟的果实，就算它们长得再漂亮，味道也是酸涩的，而且很快就会腐烂。
>
> ——摘自《爱弥儿》

卢梭的这种教育观一直延续到现在。因为如今的教育方法已经从直接灌输知识的方式，逐渐转变为让学生自行观察和探索，从而领悟知识的教育方式。

在十几年前的韩国，老师采用的仍旧是单方面灌输知识的教育方式。这种教育方式完全不考虑学生的兴趣、天赋等个性，只要求死记硬背老师讲解的内容。

如今大多数国家从灌输式教育方式改为其他教育方式，可以说是受到了卢梭教育思想的影响。卢梭能够在 300 多年前就提出如此超前的教育理念，着实令人感到惊讶。

知识要点

- 卢梭认为人们应该找回自然状态下具有的善良本质。
- 卢梭认为孩子们在成人之前应该像孩子一样生活，他们的教育也要遵循自然的教育方法。

时事关联

科技越发达，人是否就越幸福

卢梭认为，人类摆脱自然状态、形成社会，就产生了不平等的情况。科技的发展不仅给人们带来了物质上的富足，同时也造成了社会上的各种不平等。假如卢梭生活在当今时代，会怎样看待这样的现状呢？

01

现代人真的幸福吗

进入20世纪后，科学技术飞速发展，带动医学技术日新月异，人类平均寿命也出现大幅增长。另外，人类的物质生活也变得更加丰富多彩。那么，现代人的生活比过去更加幸福吗？

现在能够享受的东西比以前更多，所以现代人也显得比以前更幸福，但现在也会生出很多过去没有的新问题。随着科学技术的发展，环境污染的问题日益严重，原本没有的疾病也开始出现。

现代人在生活物质上变得更加丰富，但受到的压力却不减反增，以致患上各种心理疾病。然而，卢梭提出的自然状态下的人类，至少不会像现代人一样时刻处于精神紧张的状态。

然而早在300多年前，卢梭就曾对这种问题提出过尖锐批评。假如卢梭生活在当今时代，他也一定会大力抨击现代人的生活和文明社会吧。

卢梭曾指出人类追求物质的欲望和想要支配更多人的欲望令社会堕落。他认为，困扰现代人的问题的根源在于人类本身，是没有遵从自然安排的简朴、规律、孤独的生活方式所致。

倘若我们自己给自己造成的疾病比医学所能提供给我们的治疗方法还要多的话，那应当怎样解释呢？生活方式上的极度不平等，一些人过度闲逸，另一些人过度劳累；食欲和其他欲望易于激起和易于得到满足；富人们过于考究的食品，供给他们增加热量的养分，同时却使他们受到消化不良的苦痛；穷人们的食物不但粗劣，甚至时常缺乏这种食物，以致一有机会他们便不免贪食，因而加重肠胃的负担；彻夜不眠以及种种的无节制；各种放纵、体力的疲劳和精神的涸竭；在种种情况下人们所感受到的无数烦恼和痛苦，使他们的心灵得不到片刻安宁。

这一切都是不幸的凭证，足以证明人类的不幸大部分都是人类自己造成的，同时也证明，如果我们能够始终保持自然给我们安排的简朴、单纯、孤独的生活方式，我们几乎能够完全免去这些不幸。请问，是否有人听说过一个自由的野蛮人会抱怨人生或者想到自杀呢？那么，我们必须以较小的自尊心来判断一下真正的悲惨是在哪一面。

——摘自《论人类不平等的起源和基础》

近几年，越来越多的人选择回乡务农，只

为远离城市的喧闹，享受自然给予的那份宁静和惬意。不过大部分人依然希望留在城市里生活，因为城市里有更好的公司和学校，生活也更加方便。

假如卢梭出生在当今时代，他会选择在哪里生活呢？也许他会成为一名乡村教师教书育人。为了能够让孩子们在自然环境中保持善良的本性，成长为一个亲近自然的人，他应该会实践回归自然的教育方法。

正如卢梭指出的那样，现代人所遭遇的一系列问题，其根源在于脱离自然状态、在社会生活发展的过程中形成的不平等。

造就如今的现代化社会，科学技术的发展功不可没。科学的发展给我们的生活带来翻天覆地的变化。坐在家中也能享受购物的乐趣；手指轻轻一点就能让购买的东西送上门；即使家里没有人，也能远程开关家中的煤气灶和供暖设施；还能通过人工智能为独居老人提供服务。

另外，我们还能实时接触到世界各国发生的事情；通过网上搜索轻易找出大量想要的信息；使用手机浏览到各种视频，还能够自己制作视频上传到网上。

这样，如今的我们能够十分快速、便捷地积累自己的知识，但并非所有人都能享受到科学技术带来的便利。

因为这样的便利只有拥有电脑、手机等能够连网的设备才能享受到。于是国家和国家、人与人之间的经济差异导致的不平等就这样产生了。

随着社会的发展，渐渐出现了享受科技发展便利的阶层和享受不到科技发展便利的阶层。卢梭将这种阶层划分定义为不平等状态。社会发展层次越高、人们的生活越便利，导致人类不平等的因素就越多。

在这种不平等的社会关系中，人们承受着很多压力和痛苦。假如我们因成绩、外貌及金钱而产生烦恼，那便是与别人攀比带来的结果。这种结果源于与别人建立的关系。但是，离开社会、到无人岛上独自生活也不现实。

那么，若是想要摆脱这种不平等的关系、享受幸福的生活该怎么办呢？为了克服社会中的各种不平等，国家、学校、家庭及个人又该实施何种举措呢?

只有真正解开这道难题，所有人都能幸福的时代才会来临。

02

卢梭和霍布斯

卢梭认为自然状态下的人类不存在不平等的现象，但不少哲学家都对于自然状态的说法抱有不同观点。

生活在卢梭之前的霍布斯与卢梭一样是一位启蒙思想家，但他对自然状态的观点正好与卢梭相反。

按照霍布斯的主张，自然状态下的人类与

动物没有什么差别。为了生存，动物们会进行弱肉强食的争斗，人类也不例外。霍布斯视这种状态为“万人对万人的斗争”。即为了在斗争中存活下来，要把自己以外的所有人都视为敌人。自然状态下的人类也会为了生存而斗争，而想要摆脱这样的混乱局面，就必须依靠国家的力量。这就是霍布斯的主张。

不同于霍布斯，卢梭认为自然状态下的人类虽然孤独，但很和平和美好。如果说，霍布斯将自然状态视为人类必须要克服的难关，那么卢梭则是将它视为人类保持着善良初心、平等生活的一种积极状态。由此可见，霍布斯和卢梭看待自然状态的观点正好相反。

不过他们二人对社会构成方式的看法却很相似。他们都认为人类需要通过缔结契约的方式组成社会。只不过他们对需要社会契约的理由做

托马斯·霍布斯
（1588—1679）

英国的政治思想家、哲学家。于1651年出版《利维坦》，阐述理想中的国家的形态。

出了不同的解释。霍布斯认为社会契约是为了摆脱自然状态；而卢梭则认为社会契约是为了解决脱离自然状态后形成的不平等问题。

与看待自然状态的观点一样，他们看待社会契约的观点也是大相径庭。

霍布斯觉得人类是一种十分自私的存在。按照他的主张，人类的本性是自私自利的，所以万人对万人的斗争随时都有可能发生，因此若是对这种状态放任不管，很可能会危及人类的生命。为了摆脱混乱的局面、守护各自的利益，哪怕适当减少每个人的自由和权利也要缔结社会契约。这就是国家诞生的原因。

人们会把自己的部分自由和权利移交给国家，而国家则约定守护个人的生命和利益。人们会选出能够代表自己的人并赋予他统治别人的权利。于是统治者就这样诞生了。

霍布斯认为，想要让自私的人类遵守契约就必须要有强大的统治者。另外，其他人也要绝对遵从统治者的命令，否则社会就会陷入混乱。

霍布斯所说的统治者虽然拥有强大的权力，但也不能滥用权力，否则就等于违反契约。

反之，卢梭则认为人类是天生善良、自由的存在。

另外，国家由自由、平等的个人之间的契

约组成。从这种角度来说，卢梭提出的社会契约概念无疑与当今世界的民主制度，或者说直接民主制十分相似。

直接民主制是指不选拔代替自己从政的人，直接参与到政治活动中的制度。古希腊城邦雅典就曾采用这种制度。不过这种制度也有一个弊端，那就是不适用于人口太多的国家。毕竟参与人数太多就不方便进行讨论和下定结论。

卢梭应该也意识到这个问题，不然也不会提出以推选出少数代表来治理国家的制度作为备选。这种推选出人民代表来决定国家大事的制度，我们称之为“间接民主制”或“代议制”，是当今世界各国采用最多的政治形态。

通过卢梭的故事学习哲学

卢梭生活在约300年前，不过他其实离我们并不遥远。因为他的思想至今对我们的生活仍有着很深的影响，并且依然谆谆教导着现在的人们。

“人之间的关系为什么如此不平等？”

“为什么我们不能独自生活，而是要聚在一起形成社会呢？”

“如何教育孩子？”

哪怕是放到现在，卢梭对这些问题的见解也依然让人眼前一亮。正因如此，我们可以在卢梭那里获得自己一直想要得到的答案。

当然，这并不是说卢梭能为我们解答如今面临的所有问题。不过可以肯定的是，现代社会的很多制度和价值观都源于他的思想。

当然，卢梭之前的哲学家和思想家也给了他很多思想上的启发，但卢梭并没有止步于此，而是将其发展为自己独有的思想。

重视教育的卢梭通过发表作品《爱弥儿》，阐述了青少年阶段之前的孩子们该如何教育的问题。卢梭在这本书中提出的思想领先了当时的时代至少数百年，甚至于我们如今的社会都尚未追赶上他所提出的教育方式。

从卢梭那里，我们可以找到“如何看待人类”“如何看待人类聚在一起形成的社会”等问题的解答。对于现今社会发生的种种问题，我们不应该当成理所当然的问题，或是视为不见，而是应该认真地思考一下为何会如此。要做到这一点，我们就得先对这些事情抱有好奇心。

卢梭提及的不平等问题，

放到当今社会也屡见不鲜。例如同一所学校同一个班级里的同学之间也存在各种差异。并非所有的学生都处在平等的状态。有些同学力气大；有些同学学习好；有些同学家境优越；有些同学长相好看，可以说我们每个人都是不同的存在。卢梭认为就是这种不同造就了我们之间的不平等。

我们每个人都如此不同，但社会为什么能够形成一个统一的集体呢？人类固然会因彼此间的不平等而发生争斗，但也能通过相互帮助和彼此合作形成和谐的社会。那么，人类为什么能够既争斗又和谐共存呢？

对于这个问题，卢梭也进行过解答。可别把卢梭的思想当作某个三百年前古人的想法哦，我们完全可以将其活用成现实生活中解决各种难题的“工具”。

卢梭关于不平等的观点对我们如今采用的

民主制产生了很大影响。在西方，有一段国王和贵族统治大多数百姓的时代，我们称它为“封建时代”，封建时代足足持续了一千多年。

经过法国大革命，西方的封建时代结束，迎来了民主时代。尽管卢梭在法国大革命爆发11年前就去世了，但他依然是对法国大革命产生重大影响的核心人物之一。

按照卢梭的主张，在国家尚未形成之前，人们就已经拥有自由和权利。为了确保自由和权利，人们建立国家并将自己的权利移交给国家。

我们称这种理论为“社会契约说”。为了保障人民的自由和权利，国家会按照法律行使权力。卢梭主张倘若国家无法保障人民的自由和权利，甚至会侵害他们的自由和权利，人民就有权反抗国家政权。

卢梭的这种思想为法国大革命奠定了思想基础，并且为推翻封建时代起到了重要作用。

我们了解了卢梭的思想，如自然状态、人类不平等的起源、社会的形态、教育等方面，可以看出，卢梭保障人类自由和平等的思想，即使在尚未彻底解决人类不平等问题的现代社会中，依然有其生命力，而且也给我们带来很大启发。

历史中的卢梭

	西方	卢梭	东方
1712年	 ▲让－雅克·卢梭	出生于日内瓦共和国（如今的瑞士日内瓦）。	
1722年			中国清朝康熙皇帝病逝。
1725年		13岁时学习铜板雕刻。	
1726年	英国的斯威夫特出版《格列佛游记》。		
1728年		16岁时离开日内瓦共和国。	
1735年			中国清朝乾隆皇帝登基。  ▲让清朝达到鼎盛时期的乾隆皇帝
1741年	丹麦出生的俄罗斯探险家——白令去世。 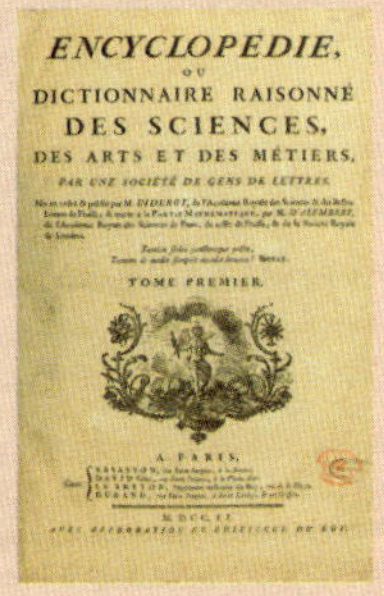 ENCYCLOPÉDIE, OU DICTIONNAIRE RAISONNÉ DES SCIENCES, DES ARTS ET DES MÉTIERS, PAR UNE SOCIÉTÉ DE GENS DE LETTRES. TOME PREMIER. A PARIS, M. DCC. LI. ▲《百科全书》	29岁时前往巴黎，结识狄德罗等百科全书派成员。	
1743年		31岁时到威尼斯法国大使馆，给蒙太居伯爵当秘书。	
1744年		32岁时重返巴黎。	
1749年		37岁时撰写《百科全书》音乐部分。	
1750年			中国皇家园林颐和园开始修建。

	西方	卢梭	东方
1750年		38 岁时撰写《论科学和艺术》应征第戎学院的征文并被选中，很快便声名鹊起。	
1751年	法国的狄德罗发行部分《百科全书》。		
1755年		43 岁时出版《论人类不平等的起源和基础》	
1757年	英国在普拉西战役中战胜印度。		
1762年		50 岁时出版《社会契约论》和《爱弥儿》。作品被教会列为禁书。事后为躲避法国政府的追捕，在瑞士、英国等地之间逃窜。	
1765年	英国的瓦特改良蒸汽机。  ▲瓦特改良的蒸汽机		
1766年		54 岁时接到休谟的邀请前往英国。	
1770年		58 岁时完成《对话录》。	
1778年		66 岁时去世。	
1782年			中国古代最大的文化工程，中华传统文化百科全书《四库全书》编修完成。
1783年	英国通过《巴黎条约》承认美国的独立。		
1789年	法国大革命爆发。发表《人权宣言》。		
1794年		灵柩迁往巴黎先贤祠。	

QUIZ

不平等意味着存在差异。我们周围常见的不平等现象都有哪些？

请写一写你的想法。

科学技术的发展给现代人的生活带来了很多便利。展开说说，现代人是否真的比过去更幸福呢？

请写一写你的想法。

Important Message

人生而自由，却无往不在枷锁之中。

抄写一遍这句名言，思考一下它的含义。

教育的目的在于培养人，而不是培养机器。

抄写一遍这句名言，思考一下它的含义。

Important Message

放弃自己的自由等于放弃自己做人的资格。

抄写一遍这句名言，思考一下它的含义。

文 | Goodwill 哲学研究所

Goodwill 哲学研究所创立于 2006 年 10 月。创立人员主要以哲学教育和研究经验丰富的教师为主。他们的宗旨是为小学、初高中生及一些哲学论述教育家们，提供关于创意性思考能力的优质教育内容。Goodwill 哲学研究所以专业的学问为基础，横跨人文和自然领域，致力于传播当今哲学和论述教育所需的整体性、综合性的知识。

※ Goodwill 意为善意，相信人性本善，所以在为每个人都能活出个人样而努力。

研究委员

金南寿（毕业于延世大学哲学专业、Goodwill 哲学研究所所长）

金东国（首尔大学美学硕士）

金彩林（首尔大学美学硕士）

李静雅（延世大学英国文学教师）

朴启浩（高丽大学教育学硕士）

夏金红（东国大学物理学硕士）

徐志英（中央大学德国文学博士）

韩正阳（江原大学韩语教育学硕士）

图 | 崔尚奎

曾荣获 LG 东亚国际漫画展、韩国出版美术家协会插画家大奖赛传统童话奖项，现活跃在卡通、漫画、插画等多个领域。

角色设定 | 刘南英

毕业于漫画专业，活跃在角色设计和插画领域，致力于给人们传播快乐、梦想及希望。

图字：01-2022-5699

图书在版编目（CIP）数据

像哲学家一样思考．第一辑．卢梭 / 韩国 Goodwill 哲学研究所编著；千日译．— 北京：东方出版社，2023.3
ISBN 978-7-5207-2073-1

Ⅰ．①像… Ⅱ．①韩… ②千… Ⅲ．①卢梭 (Rousseau, Jean Jacques 1712-1778) —哲学思想—青少年读物 Ⅳ．① B-49

中国版本图书馆 CIP 数据核字 (2022) 第 221559 号

像哲学家一样思考（第一辑）：卢梭
XIANG ZHEXUEJIA YIYANG SIKAO DI YI JI : LUSUO
作　　者：［韩］Goodwill 哲学研究所
译　　者：千日

策划编辑：鲁艳芳
责任编辑：黎民子
出　　版：東方出版社
发　　行：人民东方出版传媒有限公司
地　　址：北京市东城区朝阳门内大街 166 号
邮　　编：100010
印　　刷：天津图文方嘉印刷有限公司
版　　次：2023 年 3 月第 1 版
印　　次：2023 年 3 月北京第 1 次印刷
开　　本：880 毫米 ×1230 毫米　1/32
印　　张：3.75
字　　数：36 千字
书　　号：ISBN 978-7-5207-2073-1
定　　价：180.00 元（全 6 册）
发行电话：（010）85924663　85924644　85924641